プリント形式のリアル過去問で本番の臨場感！

静岡県

藤枝明誠中学校

2025年春受験用

解答集

本書は，実物をなるべくそのままに，プリント形式で年度ごとに収録しています。
問題用紙を教科別に分けて使うことができるので，本番さながらの演習ができます。

■ 収録内容

・解答集（この冊子です）

書籍ＩＤ番号，この問題集の使い方，最新年度実物データ，リアル過去問の活用，
解答例と解説，ご使用にあたってのお願い・ご注意，お問い合わせ

・2024（令和６）年度 ～ 2021（令和３）年度　学力検査問題

○は収録あり	年度	'24	'23	'22	'21		
■ 問題（一次試験）※		○	○	○	○		
■ 解答用紙（算数は書き込み式）		○	○	○	○		
■ 配点							

算数に解説
があります

※2023年度と2022年度の英語は非公表
注）国語問題文非掲載：2021年度10

問題文の非掲載につきまして

著作権上の都合により，本書に収録している過去入試問題の本文の一部を掲載しておりません。ご不便をおかけし，誠に申し訳ございません。

本文の一部を掲載できなかったことによる国語の演習不足を補うため，論説文および小説文の演習問題のダウンロード付録があります。弊社ウェブサイトから書籍ＩＤ番号を入力してご利用ください。

なお，問題の量，形式，難易度などの傾向が，実際の入試問題と一致しない場合があります。

教英出版

■　書籍ＩＤ番号

入試に役立つダウンロード付録や学校情報などを随時更新して掲載しています。
教英出版ウェブサイトの「ご購入者様のページ」画面で，書籍ＩＤ番号を入力してご利用ください。

書籍ＩＤ番号　117418

（有効期限：2025年9月30日まで）

【入試に役立つダウンロード付録】
「要点のまとめ(国語／算数)」
「課題作文演習」ほか

■　この問題集の使い方

年度ごとにプリント形式で収録しています。針を外して教科ごとに分けて使用します。①片側，②中央のどちらかでとじてありますので，下図を参考に，問題用紙と解答用紙に分けて準備をしましょう（解答用紙がない場合もあります)。

針を外すときは，けがをしないように十分注意してください。また，針を外すと紛失しやすくなりますので気をつけましょう。

① 片側でとじてあるもの

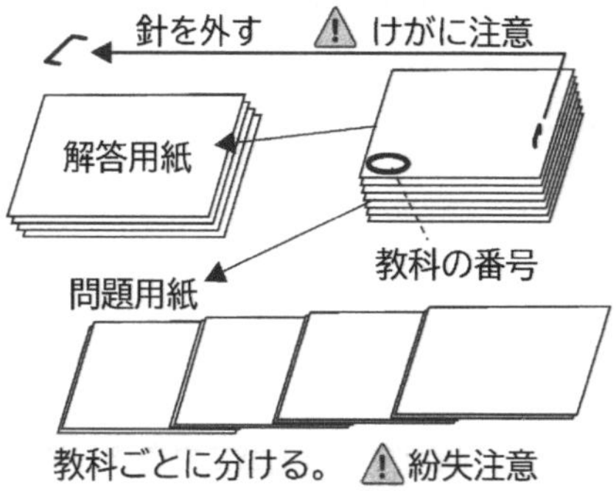

② 中央でとじてあるもの

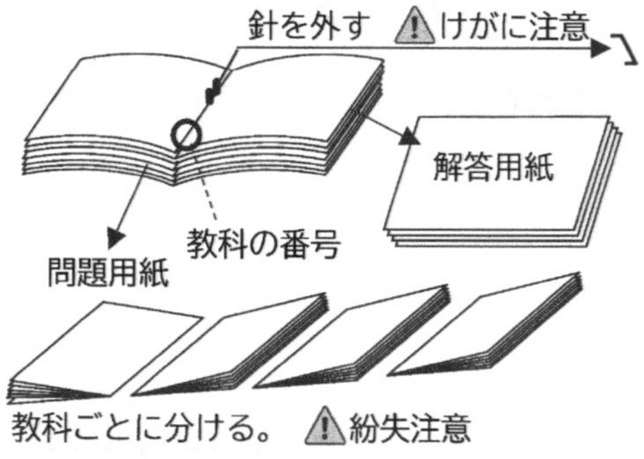

※教科数が上図と異なる場合があります。
解答用紙がない場合や，問題と一体になっている場合があります。
教科の番号は，教科ごとに分けるときの参考にしてください。

■　最新年度 実物データ

実物をなるべくそのままに編集していますが，収録の都合上，実際の試験問題とは異なる場合があります。実物のサイズ，様式は右表で確認してください。

問題用紙	国：Ｂ４両面プリント 算英：Ａ３片面プリント(算は書込み式)
解答用紙	国：Ｂ４両面プリント 英：Ａ３片面プリント

リアル過去問の活用

～リアル過去問なら入試本番で力を発揮することができる～

本番を体験しよう！

問題用紙の形式（縦向き / 横向き），問題の配置や余白など，実物に近い紙面構成なので本番の臨場感が味わえます。まずはパラパラとめくって眺めてみてください。「これが志望校の入試問題なんだ！」と思えば入試に向けて気持ちが高まることでしょう。

入試を知ろう！

同じ教科の過去数年分の問題紙面を並べて，見比べてみましょう。

① 問題の量

毎年同じ大問数か，年によって違うのか，また全体の問題量はどのくらいか知っておきましょう。どのくらいのスピードで解けば時間内に終わるのか，大問ひとつにかけられる時間を計算してみましょう。

② 出題分野

よく出題されている分野とそうでない分野を見つけましょう。同じような問題が過去にも出題されていることに気がつくはずです。

③ 出題順序

得意な分野が毎年同じ大問番号で出題されていると分かれば，本番で取りこぼさないように先回りして解答することができるでしょう。

④ 解答方法

記述式か選択式か（マークシートか），見ておきましょう。記述式なら，単位まで書く必要があるかどうか，文字数はどのくらいかなど，細かいところまでチェックしておきましょう。計算過程を書く必要があるかどうかも重要です。

⑤ 問題の難易度

必ず正解したい基本問題，条件や指示の読み間違いといったケアレスミスに気をつけたい問題，後回しにしたほうがいい問題などをチェックしておきましょう。

問題を解こう！

志望校の入試傾向をつかんだら，問題を何度も解いていきましょう。ほかにも問題文の独特な言いまわしや，その学校独自の答え方を発見できることもあるでしょう。オリンピックや環境問題など，話題になった出来事を毎年出題する学校だと分かれば，日頃のニュースの見かたも変わってきます。

こうして志望校の入試傾向を知り対策を立てることこそが，過去問を解く最大の理由なのです。

実力を知ろう！

過去問を解くにあたって，得点はそれほど重要ではありません。大切なのは，志望校の過去問演習を通して，苦手な教科，苦手な分野を知ることです。苦手な教科，分野が分かったら，教科書や参考書に戻って重点的に学習する時間をつくりましょう。今の自分の実力を知れば，入試本番までの勉強の道すじが見えてきます。

試験に慣れよう！

入試では時間配分も重要です。本番で時間が足りなくなってあわてないように，リアル過去問で実戦演習をして，時間配分や出題パターンに慣れておきましょう。教科ごとに気持ちを切り替える練習もしておきましょう。

心を整えよう！

入試は誰でも緊張するものです。入試前日になったら，演習をやり尽くしたリアル過去問の表紙を眺めてみましょう。問題の内容を見る必要はもうありません。どんな形式だったかな？受験番号や氏名はどこに書くのかな？…ほんの少し見ておくだけでも，志望校の入試に向けて心の準備が整うことでしょう。

そして入試本番では，見慣れた問題紙面が緊張した心を落ち着かせてくれるはずです。

※まれに入試形式を変更する学校もありますが，条件はほかの受験生も同じです。心を整えてあせらずに問題に取りかかりましょう。

藤枝明誠中学校

《国　語》

1 ①背景　②干　③立派　④西洋　⑤努　⑥かどで　⑦てんねん　⑧もう　⑨ねんぶつ　⑩と

2 ［主語／述語］ ①［B／E］　②［C／E］　③［E／D］　④［A／なし］　⑤［なし／E］

3 ①A　②C　③E　④C　⑤B

4 ①オ　②ア　③カ　④ウ　⑤エ

5 ①D　②E　③H　④B　⑤G

6 ①C　②E　③E　④E　⑤B

7 ①イ　②オ　③ア　④エ　⑤カ

8 ①ウ　②ア　③イ

9 問一．「連絡をください」とあるのに、連絡方法が書かれていないためだと考えられる。ウェブサイトから申しこめるようにして、申しこみフォームにアクセスするための二次元バーコードをチラシにのせるとよい。

問二．「小学生ＶＳバスケットボール部の交流試合」に参加した小学１年生と２年生がいない。理由は、中学生との試合に小学校低学年の児童が参加するのは、体力的、技術的に無理があるからである。

10 問一．１．主体的　２．イ　問二．Ⅰ．カ　Ⅱ．オ　Ⅲ．ア　問三．A　問四．高校生までの勉強は受け身的なものであり、文部科学省検定済みの教科書を使って、正しいとされていることを授業で習うが、大学生の勉強は自ら学んでいく主体的なものであり、講義で使うテキストの内容が、関係する学界の主流であるとは限らないという違い。　問五．一つ目…学力を向上させるための知識と、学ぶことの楽しさを教わる。　二つ目…生きていくために必要な社会性や道徳心を教わる。　問六．ア　問七．講義で使われるテキストの内容が主流の考えに沿っているかどうかわからず、何十年かたって反主流が主流になったり主流が支持されなくなったりすることで、一生懸命勉強したことが間違いだったということになりかねないこと。

《算数（基礎）》

※1 (1)9　(2)7.36　(3)4000　(4)商…24　あまり…0.1

※2 (1)$4\frac{2}{3}$　(2)3　(3)$\frac{3}{4}$　(4)6.5

3 (1)96　(2)384　(3)200　(4)73　(5)D

4 (1)1.4　(2)3

※の計算は解説を参照してください。

【算数（基礎）の解説】

1 (1) 与式$=36\div(16-12)=36\div 4=\mathbf{9}$

(3) 与式$=40\times(57+43)=40\times 100=\mathbf{4000}$

(4) 右の筆算のようになるから，商が**24**，あまりが**0.1**である。

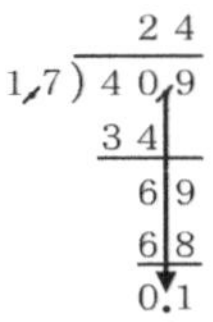

2 (1) 与式$=\frac{21}{10}\div(\frac{24}{20}-\frac{15}{20})=\frac{21}{10}\div\frac{9}{20}=\frac{21}{10}\times\frac{20}{9}=\frac{14}{3}=\mathbf{4\frac{2}{3}}$

(2)　与式$=6\times\frac{3}{2}-\frac{3}{4}\times8=9-6=\mathbf{3}$

(3)　**【解き方】$\frac{1}{n\times(n+1)}=\frac{1}{n}-\frac{1}{n+1}$となることを利用する。**

$\frac{1}{1\times2}+\frac{1}{2\times3}+\frac{1}{3\times4}=(\frac{1}{1}-\frac{1}{2})+(\frac{1}{2}-\frac{1}{3})+(\frac{1}{3}-\frac{1}{4})=1-\frac{1}{4}=\frac{4}{4}-\frac{1}{4}=\mathbf{\frac{3}{4}}$

(4)　$11-(\frac{25}{5}-\frac{7}{5})\div\frac{4}{5}=11-\frac{18}{5}\times\frac{5}{4}=11-\frac{9}{2}=11-4.5=\mathbf{6.5}$

3　(1)　**【解き方】6と8の最小公倍数は24だから，6と8の公倍数は24の倍数である。24の倍数のうち，2けたで最大の数を求める。**

24×4＝96，24×5＝120なので，求める数は**96**

(2)　**【解き方】バレーボールの試合を見ていない観客は，全体の100－20＝80(%)である。**

テニスの試合を見ている観客は全体の$\frac{80}{100}\times\frac{40}{100}=\frac{8}{25}$だから，$1200\times\frac{8}{25}=$**384**(人)である。

(3)　**【解き方】(正方形の面積)＝(対角線の長さ)×(対角線の長さ)÷2で求める。**

この円の面積は314㎠だから，(円の半径)×(円の半径)×3.14＝314より，(円の半径)×(円の半径)＝314÷3.14＝100となる。2回かけると100になる数は10だから，円の半径は10㎝とわかる。円の直径と正方形の対角線の長さが等しく10×2＝20(㎝)だから，正方形の面積は20×20÷2＝**200**(㎠)である。

(4)　**【解き方】(平均点)×(人数)＝(合計点)となることを利用する。**

A，B，C，Dの4人の合計点は70×4＝280(点)だから，Eをふくめた5人の合計点は280＋85＝365(点)である。よって，5人の平均点は365÷5＝**73**(点)

(5)　**【解き方】表にまとめて考える。**

表1

順位	1位	2位	3位	4位
去年				
今年	㋐	C		㋑

表2

順位	1位	2位	3位	4位
去年			A	
今年	A	C		㋑

Cは今年2位だから，表1のようになる。Aは順位が2つ上がったので，去年3位または4位だったが，今年はCが2位なので，Aは去年3位で今年が1位と決まる。よって，㋐にはAが入り，表2のようになる。

次に，㋑について，Bは去年と順位が変わらないので，Bが去年，今年とも4位に決まる。したがって，今年3位の人は**D**である。

4　(1)　運動場でのけがの割合は，階段でのけがの割合の28÷20＝**1.4**(倍)である。

(2)　**【解き方】帯グラフ全体の横の長さを15㎝としたとき，割合の100%が15㎝にあたる。**

階段でのけがの割合は20%で全体の$\frac{20}{100}=\frac{1}{5}$だから，求める横の長さは$15\times\frac{1}{5}=$**3**(㎝)である。

《算数(発展)》

※1　(1)最大公約数…６　最小公倍数…210　(2)３

※2　(1)①2.4　②72　(2)７

3　(1)右図　(2)エ

4　(1)50　※(2)15　※(3)40

※5　(1)火　(2)2052

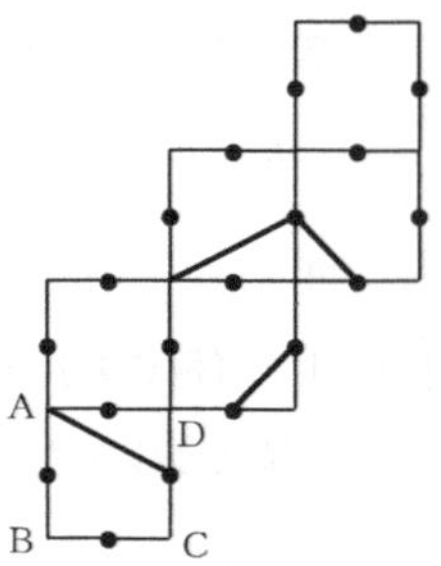

※の求め方は解説を参照してください。

【算数(発展)の解説】

1　(1)　最大公約数を求めるときは，右の筆算のように割り切れる数で次々に割っていき，割った数をすべてかけあわせればよい。よって，30 と 42 の最大公約数は，２×３＝**6**

2）30　42
3）15　21
　　５　７

最小公倍数を求めるときは，割った数と割られた結果残った数をすべてかけあわせればよい。

よって，30 と 42 の最小公倍数は，２×３×５×７＝**210**

(2)　【解き方】ある数で 32，44 をそれぞれ割ったあまりが２だから，ある数で 32－２＝30 と 44－２＝42 をそれぞれ割ると割り切れる。つまり，ある数は 30 と 42 の公約数である。

(1)より，30 と 42 の公約数は１，２，３，６である。１と２は 32，44 を割り切ることができるので条件に合わない。32÷３＝10 あまり２，44÷３＝14 あまり２となり，３は条件に合うので，求める数は**3**である。また，１，２，３，６の中で，あまる数である２よりも大きい最小の数は３だから，求める数は３であると考えてもよい。

2　(1)①　**【解き方】P，Qの進んだ道のりの和が，円Oの円周の長さの$\frac{1}{2}$になるときにかかる時間を求める。**

円Oの円周の長さは 12×２×3.14＝24×3.14(cm)であり，P，Qは１秒間に合わせて 9.42＋6.28＝３×3.14＋２×3.14＝５×3.14(cm)進む。よって，求める時間は(24×3.14)×$\frac{1}{2}$÷(５×3.14)＝**2.4**(秒)

②　**【解き方】①より，Qが 2.4 秒間で進んだ道のりは，円周全体の長さに対してどのくらいの割合か考える。**

Qの進んだ道のりは円周全体の長さの，$\frac{2\times3.14\times2.4}{24\times3.14}=\frac{1}{5}$である。よって，角㋐＝360°×$\frac{1}{5}$＝**72°**

(2)　【解き方】８回目に２点が重なるまでに，PとQがそれぞれ何周するかを考えればよい。

(1)をふまえると，PとQは円周上を合わせてちょうど１周して重なるのに 2.4×２＝4.8(秒)かかる。つまり，出発して 4.8 秒ごとにPとQが重なるので，８回目に重なるのは，出発してから 4.8×８＝38.4(秒後)である。

８回目に重なるまでに，Pは円を３×3.14×38.4÷(24×3.14)＝4.8(周)するからAを４回通過し，Qは円を２×3.14×38.4÷(24×3.14)＝3.2(周)するからAを３回通過する。よって，PとQはあわせてAを４＋３＝**7**(回)通過する。

3　(1)　**【解き方】図２に対応する頂点を書きこむと右図のようになる。**

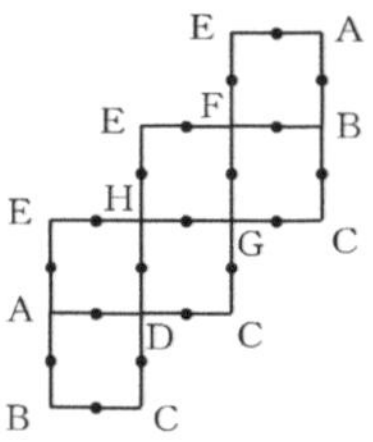

正方形ABCDの頂点AからCDの真ん中の点へ，正方形CGHDのCDの真ん中の点からCGの真ん中の点へ，正方形BFGCのCGの真ん中の点からFGの真ん中の点へ，正方形FGHEのFGの真ん中の点から頂点Hへ，それぞれ直線で結ぶと，解答例のようになる。

(2)　立方体の切り口をかくときは，以下のように考える。

①同一平面上にある切り口の頂点は直線で結ぶ(この問題の場合，BとG，GとDH

の真ん中の点をそれぞれ直線で結ぶ)。

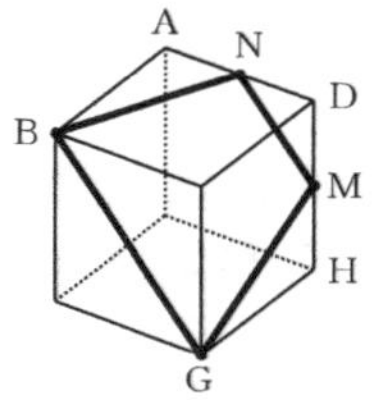

②向かい合う面上の切り口の線は平行になる(右図で，ＢＧとＮＭは平行)。

以上より，切り口の図形(四角形ＮＢＧＭ)は太線部のような**台形**である。

4 (1) **【解き方】グラフが横軸と平行になっている部分(水を入れ始めて８分後から20分後)では，(あ)の部分からしきりをこえて，(い)の部分に水が流れ込んでいる。**

しきりの高さは，グラフが横軸と平行になったときの(あ)の部分の水面の高さと等しいから，**50 cm**である。

(2) **【解き方】(水そうの容積)÷(水そうが水でいっぱいになるまでにかかった時間)で求める。**

水を入れ始めてから32分後に(あ)の部分の水面の高さが80 cmとなり，水そうが水でいっぱいになった。水そうの容積は(60×100×80)cm³＝480000 cm³＝480000mL＝480Ｌだから，480÷32＝15より，毎分**15**Ｌの割合で水を入れている。

(3) **【解き方】(あ)の部分のうち，水そうの底からしきりの高さまでの部分((う)の部分とする)の体積から考える。**

(1)，(2)より，(う)の部分の容積は，15×８＝120(Ｌ)より，120000(cm³)である。よって，120000＝60×🄰×50となるから，🄰＝120000÷60÷50＝**40**(cm)

5 (1) **【解き方】１年は365日であり，365÷７＝52余り１より，１年後の同じ日の曜日は１つあとの曜日となる。ただし，うるう年の２月29日をまたぐ場合は，２つあとの曜日となる。**

2028年２月29日が何曜日かを求めればよい。2024年２月28日は水曜日であり，2024年はうるう年だから2025年２月28日は水曜日の２つあとの金曜日となる。2025年，2026年，2027年はうるう年ではないから，2028年２月28日は金曜日の３つあとの月曜日となるので，2028年２月29日は**火曜日**である。

(2) **【解き方】(1)より，うるう年の２月29日から４年後のうるう年の２月29日になると，５つあとの曜日，つまり２つ前の曜日になる。**

2024年の２月29日以降，２月29日になるたびに曜日は木曜日→火曜日→日曜日→金曜日→水曜日→月曜日→土曜日→木曜日と変わっていく。よって，2024年の次に２月29日が木曜日になるのは４×７＝28(年後)だから，2024＋28＝2052より，西暦**2052**年である。

《英　語》

1 ①is　②highest　③is watching　④takes　⑤our　⑥taught　⑦dancing　⑧have known　⑨talking　⑩boxes

2 ①Japanese　②April　③between　④twenty　⑤spoken　⑥able　⑦among　⑧eating　⑨good　⑩advance

3 ①３　②４　③２　④４　⑤２　⑥４　⑦１

4 ［３番目／６番目］　①［３／７］　②［５／４］　③［１／５］

5 問１．ア．airplane　イ．bullet train　ウ．overnight bus　問２．①出発の２時間前に空港に行かなければならないから。　②長い間座ることで背中を痛めるかもしれないから。

6 問１．It means that if you do everything to achieve your dream, it will surely come true.　問２．①ことわざ　②良い選手　問３．Strike while the iron is hot.　問４．ウ

7 問１．①ア，イ，ウ　②ア，エ　③ア　問２．けがを治すために最善をつくした。

問３．we Japanese were excited.　問４．ウ　問５．ア，エ

2023 解答例
令和５年度

藤枝明誠中学校

《国　語》

1 ①開幕　②操作　③冷蔵　④点検　⑤成績　⑥しきゅう　⑦たず　⑧しゅうにん　⑨そな　⑩せきはい

2 ［主語／述語］ ①［Ａ／Ｅ］　②［Ｃ／Ｅ］　③［Ａ／Ｅ］　④［なし／Ｃ］　⑤［Ｄ／Ｅ］

3 ①(エ)　②(オ)　③(エ)　④(イ)　⑤(エ)

4 ①(オ)　②(ア)　③(エ)　④(ウ)　⑤(イ)

5 ①(イ)　②(カ)　③(コ)　④(ク)　⑤(ア)

6 ①Ｅ　②Ｅ〔別解〕Ｄ　③Ｂ　④Ｄ　⑤Ｅ

7 ①だけでも　②たとしても　③かもしれない

8 ①(ア)　②(エ)　③(オ)　④(イ)　⑤(ウ)

9 睡眠時間が短いと、学習時間が長くても、テスト得点率は上がらないということ。

10 問一．⑴すいぞくかん　⑵生き物を採集して、飼育研究をし、展示すること。　問二．未
問三．Ⅰ．(イ)　Ⅱ．(ア)　問四．Ｄ　問五．サカナやエビたちをとりすぎたという失敗。　問六．寒さのおかげで、採集した生き物が水族館まで運ぶときに弱らないこと。　問七．(ウ)　問八．２／休憩スペース　問九．磯の生き物を直接さわることができる、小さな子どもでも安心して遊べるプール。　問十．(例文)生き物の体温ややわらかさ、心臓のこどうなどを直接感じ、感動したり親しみを持ったりすることによって命の尊さを学べることが、生き物にふれることの大切さだと思います。

《算　数》(基礎)

※1 ⑴65　⑵66.86　⑶202.3　⑷商…2.9　あまり…0.08

※2 ⑴ $2\frac{17}{60}$　⑵ $1\frac{1}{3}$　⑶ $\frac{4}{15}$

3 ⑴126　⑵2　⑶21　⑷75　※⑸Ｄ

4 ⑴160，170　※⑵記号…イ　答…72.5％

※の計算，求め方は解説を参照してください。

【算数(基礎)の解説】

1 ⑴ 与式＝11－6＋60＝**65**

⑶ 与式＝2023×0.07＋2023×0.05－2023×0.02＝2023×(0.07＋0.05－0.02)＝2023×0.1＝**202.3**

⑷ 右のような筆算をすればよい。余りの小数点の位置に気をつけること。

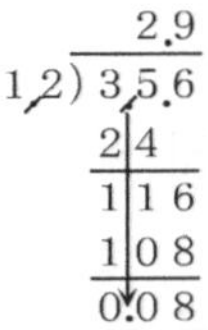

2 ⑴ 与式＝$1+\frac{30}{60}+\frac{20}{60}+\frac{15}{60}+\frac{12}{60}=1+\frac{77}{60}=\mathbf{2\frac{17}{60}}$

⑵ 与式＝$\frac{1}{4}\times\frac{8}{7}\times\frac{14}{3}=\frac{4}{3}=\mathbf{1\frac{1}{3}}$

⑶ 与式＝$\frac{2}{25}\div(\frac{16}{20}-\frac{15}{20})-\frac{4}{3}=\frac{2}{25}\times20-\frac{4}{3}=\frac{8}{5}-\frac{4}{3}=\frac{24}{15}-\frac{20}{15}=\mathbf{\frac{4}{15}}$

3 ⑴ ２つの数の最小公倍数を求めるときは，右の筆算のように割り切れる数で次々に割っていき，割った数と割られた結果残った数をすべてかけあわせればよい。

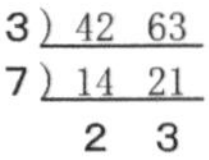

よって，求める最小公倍数は，3 × 7 × 2 × 3 ＝**126**

⑵　**【解き方】$\frac{3}{7}$＝ 3 ÷ 7 ＝0.428571428571…となり，428571 をくり返す。**

小数第１位以降６個ずつ同じ数をくり返すから，50÷６＝８余り２より，小数第 50 位の数は，８回目のくり返しの後の２つ目の数だから，**2** である。

⑶　**【解き方】女子生徒のうち，自転車通学していない生徒は 100－75＝25(％)である。**

自転車通学していない女子生徒の，全校生徒に対する割合は，$0.4\times\frac{25}{100}$＝0.1 である。よって，210×0.1＝**21**(人)

⑷　**【解き方】三角形の１つの外角は，これととなり合わない２つの内角の和に等しいことを利用する。**

角ＢＣＡ＝45°，角ＥＢＣ＝30°より，角㋐＝角ＢＣＡ＋角ＥＢＣ＝**75°**

⑸　**【解き方】４人の部活についてわかっていることを表にまとめると右のようになる。**

	テニス	吹奏楽	野球	バスケ
Ａさん		×	×	
Ｂさん	×	×	×	○
Ｃさん				
Ｄさん		×		

表を見ると野球部はＣさんかＤさんのどちらかである。

また，Ｃさん以外吹奏楽部ではないので，Ｃさんが吹奏楽部である。よって，野球部に所属しているのは**Ｄ**さんである。

4　⑴　身長が 130 cm以上 160 cm未満の人数は，２＋５＋12＝19(人)である。よって，低い方から数えて 20 番目の人は，**160** cm以上 **170** cm未満である。

⑵　ア．具体的な身長は表からは求められないので，適さない。　**イ**．身長が 150 cm以上 180 cm未満の人数は，12＋10＋７＝29(人)だから，その割合は，$\frac{29}{40}$×100＝**72.5(%)**である。　ウ．180 cm以上なので高い方から４番以内だとわかるが，何番目かを求めることはできないので，適さない。

《算　数》(発展)

1　※⑴12　⑵Ａ．え　ア．21　イ．12

2　⑴右図　※⑵48.56　※⑶84.56

※**3**　⑴６　⑵115.5

※**4**　⑴４　⑵6.5　⑶10，35

5　⑴４　⑵１月，３月，５月，７月，８月，10 月，12 月　※⑶11，29

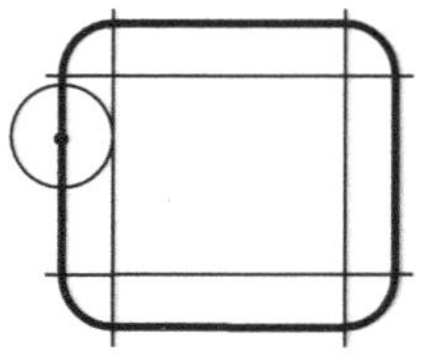

※の求め方は解説を参照してください。

【算数(発展)の解説】

1　⑴　**【解き方】十の位，一の位の順にカードを決めるものとし，それぞれ何通りの選び方があるか考える。**

十の位のカードは４枚から１枚決めるから４通りあり，一の位のカードは十の位の４通りそれぞれに対して残った３枚から１枚決めるから３通りある。よって，４×３＝**12**(通り)

⑵　アに当てはまる数のうち，「一の位の数が１である」数は 21，31，41 の３つある。このうち，「３の倍数である」数は **21** のみである。イに当てはまる数のうち，「一の位が１でない」数は 12，13，14，23，24，32，34，42，43 の９つある。このうち，図中に書かれていない数で，約数の個数が６個であるものは **12**(１，２，３，４，６，12)だけである。Ａの条件では 32 が当てはまっているので，「あ」と「お」ではないとわかる。また，イに当てはまる 12 を考えたとき，「十の位の数と一の位の数の和が奇数である」数であり，12 はＡの条件にあてはまらないとわかる。よって，「い」と「う」ではないとわかる。したがって，Ａの条件は「**え**」の「１種類の数を何回かかけ合わせてできる数である」となる。32＝２×２×２×２×２だから，32 は２を５回かけ合わせてできる数である。

2 ⑴　円と長方形の接点が長方形の辺上を動いていくとき，円の中心は長方形の４つの辺それぞれに平行な直線をえがく。また，長方形の四角《よすみ》では円の中心と長方形の頂点の距離《きょり》が一定になるように，円の$\frac{1}{4}$のおうぎ形をえがく。

⑵　**【解き方】円の中心がえがいた線の曲線部分１つは，半径２cmの円周の$\frac{1}{4}$の長さだから，曲線部分４つで円周１つぶんの長さになる。**

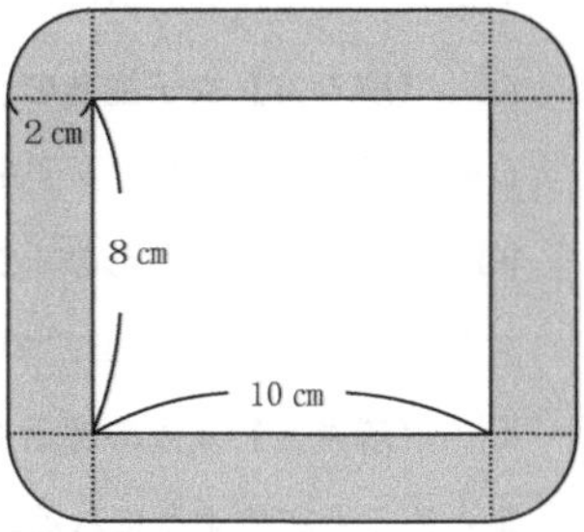

求める長さは，長方形の４辺の長さと半径２cmの円の円周の和だから，

$(8+10)\times 2+2\times 2\times 3.14=36+12.56=$**48.56**(cm)

⑶　**【解き方】求める面積は右図の色つき部分である。**

図の色つき部分の面積は，２辺の長さが８cm，２cmの長方形が２つ，

２辺の長さが10cm，２cmの長方形が２つ，半径２cmの円の面積の和である。

よって，$8\times 2\times 2+10\times 2\times 2+2\times 2\times 3.14=32+40+12.56=$**84.56**(cm²)

3 ⑴　**【解き方】この立体を２つ用意して切断面がぴったり重なるように合わせると，右図のような円柱ができる。このとき，ＥＤ＝ＢＣ＝８cm，ＢＡ＝ＥＦである。ＥＦの長さを求める。**

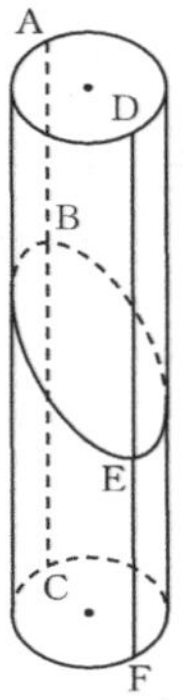

右図の円柱の体積は，$87.92\times 2=28\times 3.14\times 2=56\times 3.14$(cm³)

底面積は，$2\times 2\times 3.14=4\times 3.14$(cm²)だから，ＡＣ$=\frac{56\times 3.14}{4\times 3.14}=14$(cm)

よって，ＢＡ$=14-8=6$(cm)だから，ＥＦ＝ＢＡ＝**6cm**

⑵　**【解き方】右図の円柱の側面積の$\frac{1}{2}$と，底面積１つぶんと，切り口の面積の和を求める。**

柱体の側面積は，(底面の周の長さ)×(高さ)で求められるから，右図の円柱の側面積の$\frac{1}{2}$は，

$2\times 2\times 3.14\times 14\times\frac{1}{2}=28\times 3.14$(cm²)

よって，この立体の表面積は，$28\times 3.14+4\times 3.14+15.02=32\times 3.14+15.02=$**115.5**(cm²)

4 ⑴　Ａさんは時速12kmで20分$=\frac{20}{60}$時間$=\frac{1}{3}$時間移動したのだから，求める道のりは，$12\times\frac{1}{3}=$**4**(km)

⑵　**【解き方】Ａさんが休けい後に移動した時間は，40－(20＋10)＝10(分)である。**

休けい後は，時速15kmで10分$=\frac{10}{60}$時間$=\frac{1}{6}$時間移動したのだから，求める道のりは，$4+15\times\frac{1}{6}=4+2.5=$**6.5**(km)

⑶　**【解き方】Ａさんは公園まで４km進んだあと10時30分まで休けいした。Ｂさんは10時25分から10時30分までに$7.5\times\frac{5}{60}=\frac{5}{8}$(km)進んだ。残った２人の間の道のりを２人の速さの和で割れば，かかる時間が求められる。**

公園からＢさんの家までは2.5kmだから，10時30分の２人の間の道のりは$2.5-\frac{5}{8}=\frac{15}{8}$(km)である。また，２人が近づく速さは$15+7.5=22.5$より，時速22.5kmだから，10時30分から２人が出会うまでの時間は，$\frac{15}{8}\div 22.5=\frac{15}{8}\div\frac{45}{2}=\frac{1}{12}$(時間)である。よって，$\frac{1}{12}\times 60=5$(分)より，２人は**10時35分**に出会う。

5 ⑴　**【解き方】２月以外の日にちは30日または31日である。１月から８月に31を足しても40未満となり，適さない。誠さんが答えをまちがえていることに注意する。**

９月は30日までしかないので，月と日にちを足すと40になる日付は10月30日，11月29日，12月28日の３つある。ただし誠さんは９月を数えてしまっているので，答えは**4**つである。

⑵　**【解き方】７月と８月，12月と１月以外は１つ飛ばしであり，９月は30日までという会話から考える。**

９月の前月の８月は31日までであり，７月と８月は１つ飛ばしではないので７月も31日までである。ここから１つ飛ばしで考えると，５月，３月，１月は31日までであり，12月も１つ飛ばしではないので31日までである。よって，31日までである月は，**1月，3月，5月，7月，8月，10月，12月**である。

なお，上記のように求めることはできるが，基本知識としてそれぞれの月に何日あるかは覚えておきたい。

⑶　**【解き方】火曜日は土曜日の４日前である。10月30日，11月29日，12月28日の３日間が，１月７日の**

何日前であるかを求め，その値を７で割った余りが４になればよい。

12 月は 31 日まであり，12 月 28 日は１月７日の７＋(31－28)＝10(日前)である。10÷７＝１余り３となり，適さない。11 月は 30 日まであり，11 月 29 日は１月７日の７＋31＋(30－29)＝39(日前)である。39÷７＝５余り４となり，適する。10 月は 31 日まであり，10 月 30 日は１月７日の７＋31＋30＋(31－30)＝69(日前)である。69÷７＝９余り６となり，適さない。よって，先生の誕生日は **11** 月 **29** 日である。

2022 解答例 令和４年度 ★藤枝明誠中学校

《国　語》

1 ①翌日　②異議　③加盟　④簡単　⑤発射　⑥ちょうしん　⑦なら　⑧まいご　⑨ほうせき　⑩おんだん

2 ［主語／述語］ ①［なし／E］　②［B／E］　③［A／E］　④［D／E］　⑤［A／C］

3 ①(オ)　②(オ)　③(エ)　④(ア)　⑤(イ)

4 ①(ウ)　②(オ)　③(エ)　④(イ)　⑤(ア)

5 ①(ウ)　②(ア)　③(イ)　④(カ)　⑤(ク)

6 ①E　②E　③B　④B　⑤E

7 ①青いのか〔別解〕青いのだろう　②出席してください　③合格するだろう

8 ①(オ)　②(ア)　③(エ)　④(ウ)　⑤(イ)

9 (例文)長期間学校が休みになる８月は、４月から７月と比べて、すべての学年で平均自主学習時間が大きく増加している。

10 問一．Ⅰ．(イ)　Ⅱ．(オ)　Ⅲ．(ア)　問二．(ウ)　問三．(イ)　問四．友だちのなかでも特別な、親友だという思いがあることで、気持ちのすれ違いによけいに深く傷つき、許せないと思ってしまうから。
問五．B．笑顔　C．元気　問六．３　問七．(ウ)

《算　数》(基礎)

※1 (1)26　(2)15.34　(3)商…21　あまり…0.03　(4)28

※2 (1) $1\frac{3}{4}$　(2) $\frac{36}{65}$　(3) 1　(4) $1\frac{7}{10}$

3 (1)125　(2)4.8　(3)83　(4)68　(5)47.1

※4 (1)30　(2)72

※の計算，求め方は解説を参照してください。

【算数(基礎)の解説】

1 (1) 与式 $=32-2\times15\times\frac{1}{5}=32-6=26$

(3) 右の筆算より，6.12÷0.29＝21 余り 0.03

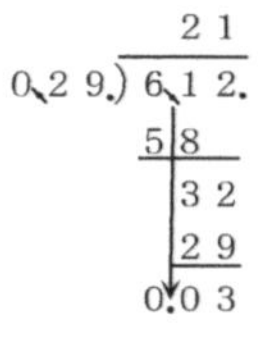

(4) 与式 $=0.35\times10\times2.6+0.35\times13+0.35\times100\times0.41=0.35\times(26+13+41)=0.35\times80=28$

2 (1) 与式 $=\frac{3}{8}\div\frac{9}{7}\times6=\frac{3}{8}\times\frac{7}{9}\times6=\frac{7}{4}=1\frac{3}{4}$

(2) 与式 $=\frac{3}{4}\div\frac{13}{4}\times\frac{12}{5}=\frac{3}{4}\times\frac{4}{13}\times\frac{12}{5}=\frac{36}{65}$

(3) 与式 $=\frac{5}{26}+\frac{4}{13}+\frac{13}{18}-\frac{2}{9}=\frac{5}{26}+\frac{8}{26}+\frac{13}{18}-\frac{4}{18}=\frac{13}{26}+\frac{9}{18}=\frac{1}{2}+\frac{1}{2}=1$

(4) 与式 $=\frac{5}{7}\times\frac{7}{2}-(\frac{6}{15}+\frac{10}{15})\div\frac{4}{3}=\frac{5}{2}-\frac{16}{15}\times\frac{3}{4}=\frac{5}{2}-\frac{4}{5}=\frac{25}{10}-\frac{8}{10}=\frac{17}{10}=1\frac{7}{10}$

3 (1) １回目にはね上がったときの高さは $245\times\frac{5}{7}=175$ (cm)だから，
２回目にはね上がったときの高さは，$175\times\frac{5}{7}=125$ (cm)

(2) 長方形の縦《たて》と横の長さの比の数の差の７－４＝３が 3.6 cmにあたるから，縦の長さは，$3.6\times\frac{4}{3}=4.8$ (cm)

(3)　**【解き方】(平均)＝(合計)÷(人数)だから，(合計)＝(平均)×(人数)で求められる。**

4教科のテストの合計点が82×4＝328(点)だから，理科をのぞく3教科の合計点は328－79＝249(点)となるので，求める平均点は，249÷3＝83(点)

(4)　**【解き方】右のように記号をおく。折って重なる角の大きさは等しいことを利用する。**

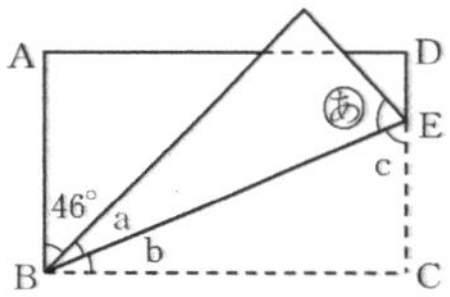

角a＋角b＝90°－46°＝44°で，角a＝角bだから，角b＝44°÷2＝22°

三角形BCEの内角の和は180°だから，角c＝180°－22°－90°＝68°　　角あ＝角c＝68°

(5)　**【解き方】円すいの体積は，(底面積)×(高さ)÷3で求められる。**

底面積は3×3×3.14＝9×3.14(cm²)，高さは5cmだから，体積は，(9×3.14)×5÷3＝15×3.14＝47.1(cm³)

[4] (1)　B市に住んでいる生徒数の割合は，D市に住んでいる生徒数の割合より25－10＝15(%)多い。

生徒は全体で200人いるので，求める人数は，$200\times\frac{15}{100}=30$(人)

(2)　C市に住んでいる生徒数の割合は$20\%=\frac{20}{100}=\frac{1}{5}$なので，求める角度は，$360°\times\frac{1}{5}=72°$

《算　数》(発展)

[1] ア．5　　イ．1　　ウ．$1\frac{1}{4}$　　エ．$\frac{3}{2}$　　オ．$\frac{9}{2}$　　カ．$\frac{7}{3}$

※[2] 6

[3] ※(1)30　　(2)選んだ番号…④，⑤　理由…AとBにあてはまる数の和は9である。よって，Aの値が0のとき，20番目の人は40分以上50分未満の部分に入っており，Aの値が1～9のとき，20番目の人は30分以上40分未満の部分に入っているから。

[4] 右図

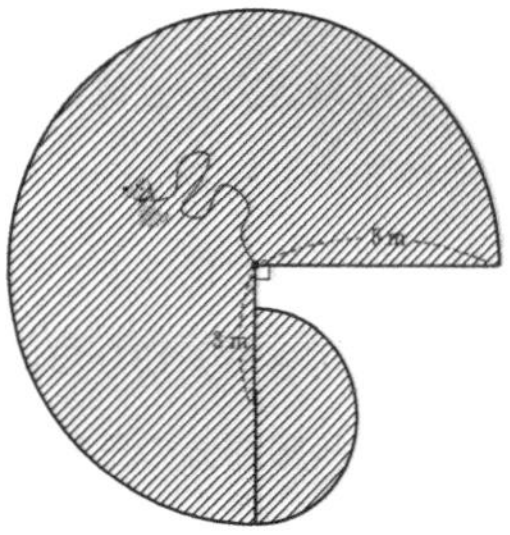

※[5] (1)3，6　　(2)30

※[6] (1)36　　(2)9

※[7] (1)15　　(2)217

※[8] (1)80　　(2)7.4

※の求め方は解説を参照してください。

【算数(発展)の解説】

[1] 整数は1と5，整数でない数は$\frac{9}{2}$と$\frac{7}{3}$と$1\frac{1}{4}$と$\frac{3}{2}$である。

素数とは，1とその数自身のみを約数にもつ整数なので，アにあてはまる数は5，イにあてはまる数は1である。

$\frac{9}{2}=9\div2=4.5$，$\frac{7}{3}=7\div3=2.33\cdots$，$1\frac{1}{4}=\frac{5}{4}=5\div4=1.25$，$\frac{3}{2}=3\div2=1.5$

よって，1.5以下の数(1.5もふくまれる)は$1\frac{1}{4}$と$\frac{3}{2}$で，ウにあてはまる数は$1\frac{1}{4}$，エにあてはまる数は$\frac{3}{2}$である。

$\frac{9}{2}\times6=27$，$\frac{7}{3}\times6=14$だから，オにあてはまる数は$\frac{9}{2}$，カにあてはまる数は$\frac{7}{3}$である。

[2] 求める整数で，89－5＝84と101－5＝96を割り切れる。84と96の公約数のうち，5よりも大きい最小の数を求めればよい。右の筆算より，求める整数は2×3＝6とわかる。

2) 84　96
2) 42　48
3) 21　24
　　7　8

[3] (1)　0分以上20分未満の人数は5＋4＝9(人)だから，全体の$\frac{9}{30}\times100=30$(%)である。

(2)　人数の合計について，A＋B＝30－(5＋4＋10＋2)＝9(人)

よって，解答例のように，Aの値によって20番目の人が入る部分が異なる。

4 つなの長さは５ｍなので，フェンスがない状態であれば，犬はつながつながれている位置を中心に半径が５ｍの円の内部を動くことができる。しかし，フェンスを飛び越えることはできないので，５ｍのフェンスの反対側に動くことはできない。また，３ｍのフェンスの反対側へは，３ｍのフェンスの下のはしを中心に半径が５－３＝２(ｍ)の半円の内部を動くことができる。よって，解答例のようになる。

5 (1) **【解き方】ＡからＢＣに対して垂線ＡＨをひく。このとき，ＡＨ＝ＨＣ＝６㎝，ＢＨ＝12－６＝６(㎝)だから，三角形ＡＢＨと三角形ＡＣＨは合同な直角二等辺三角形である。よって，三角形ＡＢＣも直角二等辺三角形とわかるので，三角形ＡＢＰが直角三角形になるのは，ＰがＨ上またはＣ上にあるときである。**

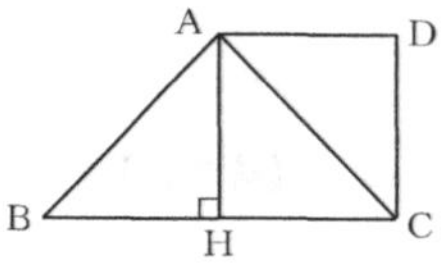

ＢＨ＝６㎝，ＢＣ＝12㎝だから，求める時間は，６÷２＝３(秒後)と12÷２＝６(秒後)である。

(2) **【解き方】７秒後，Ｐは２×７＝14(㎝)動くので，右図のようになる。**
(四角形ＡＢＣＤの面積)－(三角形ＢＣＰの面積)－(三角形ＡＤＰの面積)で求める。

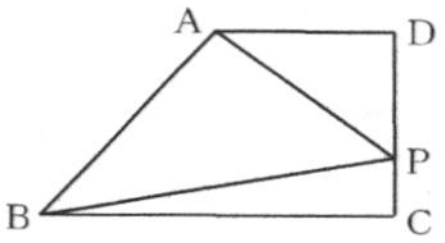

四角形ＡＢＣＤは台形なので，面積は，(ＡＤ＋ＢＣ)×ＣＤ÷２＝(６＋12)×６÷２＝54(㎠)
ＣＰ＝(Ｐが移動した長さ)－ＢＣ＝14－12＝２(㎝)，ＤＰ＝ＣＤ－ＣＰ＝６－２＝４(㎝)
三角形ＢＣＰの面積は，ＢＣ×ＣＰ÷２＝12×２÷２＝12(㎠)
三角形ＡＤＰの面積は，ＡＤ×ＤＰ÷２＝６×４÷２＝12(㎠)
よって，三角形ＡＢＰの面積は，54－12－12＝30(㎠)

6 (1) **【解き方】立体の表面積は，立体を上下左右前後から見たときに見える図形の面積の和で求められる。**

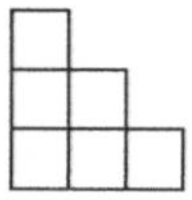

立体を上下左右前後からみると，常に右図またはそれを回転させてできる図形になる。
この図形の面積は１＋２＋３＝６(㎠)なので，表面積は，６×６＝36(㎠)である。

(2) **【解き方】切り口は右図の太線のようになる。Ａをふくむ立体の体積は，全体の体積から，斜線部分の三角すいの体積の６倍をひけばよい。**

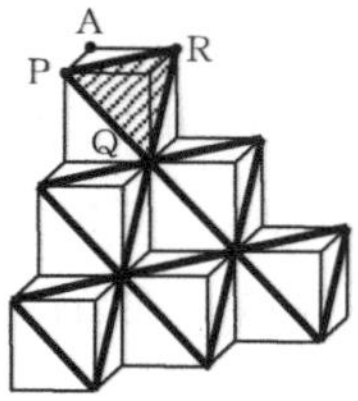

積み木は全部で１＋３＋６＝10(個)あるので，全体の体積は，10㎤である。
斜線部分の三角すいは，１辺が１㎝の直角二等辺三角形を底面とすると，高さが１㎝となるので，体積は，(１×１÷２)×１÷３＝$\frac{1}{6}$(㎤)
よって，求める体積は，10－$\frac{1}{6}$×６＝９(㎤)

7 (1) (Ａ，Ｂ)(Ａ，Ｃ)(Ａ，Ｄ)(Ａ，Ｅ)(Ａ，Ｆ)(Ｂ，Ｃ)(Ｂ，Ｄ)(Ｂ，Ｅ)(Ｂ，Ｆ)(Ｃ，Ｄ)(Ｃ，Ｅ)(Ｃ，Ｆ)(Ｄ，Ｅ)(Ｄ，Ｆ)(Ｅ，Ｆ)の15通りある。

(2) **【解き方】２名が当選するので，６名のうち３名のみに票が集まり，３名にできるだけ均等に票が入る場合を考える。このとき，他の１人より１票以上多ければ，必ず当選する。**
650÷３＝216余り２より，217票入れば他の１人より票が多くなり，当選する。よって，最低217票必要である。

8 (1) 時速40㎞のときは１Ｌで16㎞走るから，求める道のりは，16×５＝80(㎞)

(2) **【解き方】つるかめ算を利用し，時速60㎞で走った道のりと時速40㎞で走った道のりを求める。**
140㎞を時速60㎞で走ると，140÷60＝$\frac{7}{3}$＝２$\frac{1}{3}$(時間)，つまり，２時間(60×$\frac{1}{3}$)分＝２時間20分かかる。
これは実際よりも２時間36分－２時間20分＝16分短い。１㎞の道のりを進む速さを時速60㎞から時速40㎞に置きかえると，かかる時間は$\frac{1}{40}$－$\frac{1}{60}$＝$\frac{1}{120}$(時間)，つまり，60×$\frac{1}{120}$＝0.5(分)長くなる。
よって，時速40㎞で16÷0.5＝32(㎞)，時速60㎞で140－32＝108(㎞)走ったことがわかる。
したがって，消費したガソリンの量は，$\frac{108}{20}$＋$\frac{32}{16}$＝5.4＋２＝7.4(Ｌ)

2021 解答例 令和３年度　★藤枝明誠中学校

《国　語》

1 ①あまど　②かんぱ　③にくがん　④いただき　⑤きょうど　⑥馬力　⑦耳鼻　⑧辞任　⑨総理　⑩冷蔵庫

2 ［主語／述語］ ①［C／E］　②［なし／E］　③［E／なし］　④［D／E］　⑤［なし／E］

3 ①(ア)　②(ア)　③(オ)　④(ウ)　⑤(エ)

4 ①(エ)　②(イ)　③(カ)　④(ア)　⑤(ウ)

5 ①(コ)　②(イ)　③(オ)　④(カ)　⑤(ケ)

6 ①B　②C　③A　④C　⑤D

7 ①(オ)　②(キ)　③(イ)　④(カ)　⑤(ア)

8 ①(キ)　②(ウ)　③(カ)　④(ア)　⑤(オ)

9 (ア)，(オ)

10 問一．Ⅰ．(ア)　Ⅱ．(エ)　問二．D　問三．大雨が予想　問四．NHKラジオで天気予報を伝えるようになる　問五．一つ目…１時間に 50 ミリ以上という数字の情報だけでなく、「滝のような」「辺り一面白っぽくなり」といった言葉で、雨の激しさを表すという工夫。　二つ目…風速 20 メートル以上という数字の情報だけでなく、「何かにつかまらないと立っていられない」「看板が飛んでくる」といった言葉で、風の強さを表すという工夫。
問六．テレビ…映像と音声で情報を伝える。　ラジオ…音声だけで情報を伝えるため、とくに危ない場所はどこなのかを細かく伝え、雨や風の強さを数字だけでなく言葉でも表現する。　問七．(1)(ア)　(2)C

《算　数》(基礎)

※1 (1)14.15　(2)48.35　(3)55.47　(4)7.77

※2 (1)商…12　余り…3.3　(2)0.05

※3 (1) $1\frac{7}{12}$　(2) 3　(3) $\frac{1}{10}$

4 (1)18　(2)イ．5　ウ．7　(3)エ．72　オ．3　カ．20　(4)キ．146　ク．64

5 (1)200　※(2)175

※の筆算，計算，求め方は解説を参照してください。

【算数(基礎)の解説】

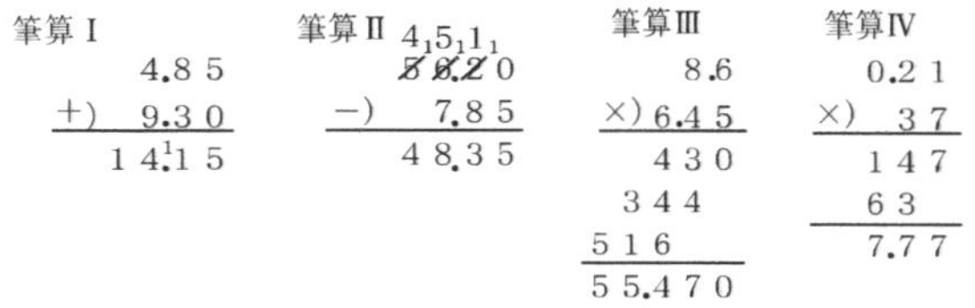

1 (1) 右の筆算Ⅰより，与式＝14.15
(2) 右の筆算Ⅱより，与式＝48.35
(3) 右の筆算Ⅲより，与式＝55.47
(4) 右の筆算Ⅳより，与式＝7.77

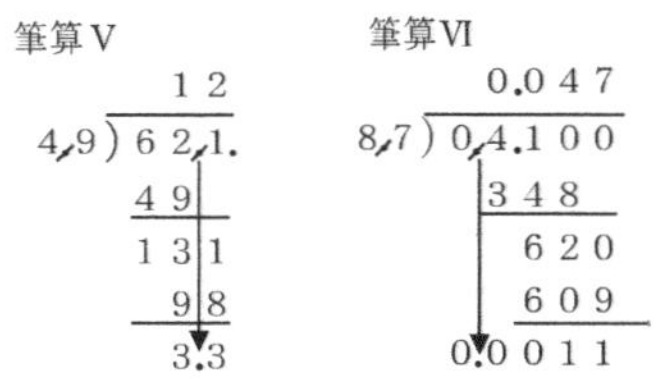

2 (1) 右の筆算Ⅴのようになるから，与式＝12 余り 3.3
余りの小数点は，もとの位置からおろしてくることに気をつけよう。
(2) 右の筆算Ⅵのようになるから，与式＝0.047…より，0.05

3 (1) 与式＝$1\frac{1}{6}+\frac{5}{12}=1\frac{2}{12}+\frac{5}{12}=1\frac{7}{12}$

(2) 与式$=\frac{25}{6}\times\frac{9}{10}\div\frac{5}{4}=\frac{25}{6}\times\frac{9}{10}\times\frac{4}{5}=3$

(3) 与式$=\frac{3}{5}-\frac{4}{3}\div\frac{8}{3}=\frac{3}{5}-\frac{4}{3}\times\frac{3}{8}=\frac{3}{5}-\frac{1}{2}=\frac{6}{10}-\frac{5}{10}=\frac{1}{10}$

4 (1) 与式より，{７－(５＋ア÷９)}×６＝３－３　７－(５＋ア÷９)＝０÷６　５＋ア÷９＝７－０
ア÷９＝７－５　ア＝２×９＝18

(2) **【解き方】50 円玉 2 枚で 100 円玉 1 枚分の金額を作れるので，1 枚の 100 円玉を 50 円玉に両替《りょうがえ》して，50 円玉が全部で 3 + 2 × 2 = 7 (枚) あると考える。**

100円玉と50円玉を１枚以上使うとき，両替すると50円玉を２＋１＝３(枚)以上使うことになる。全部で７枚まで使えるから，支払うことができる金額は，50円玉３枚分から７枚分までの，７－３＋１＝イ5(通り)ある。
使わないお金があるとき，支払うことができる金額は，50円玉１枚分から７枚分までのウ7通りある。

(3) **【解き方】(速さ)＝(道のり)÷(時間)，(時間)＝(道のり)÷(速さ)で求める。**

自動車は126㎞の道のりを１時間45分$=1\frac{45}{60}$時間$=1\frac{3}{4}$時間$=\frac{7}{4}$時間で走るから，時速$(126\div\frac{7}{4})$㎞＝時速エ72㎞
同じ速さで240㎞の道のりを走ると，$240\div72=\frac{10}{3}=3\frac{1}{3}$(時間)，つまり，３時間$(\frac{1}{3}\times60)$分＝オ3時間カ20分かかる。

(4) **【解き方】三角形の１つの外角は，これととなりあわない２つの内角の和に等しいこと，平行線の同位角は等しいことを利用する。**

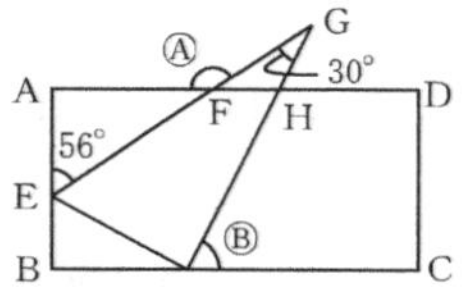

右のように記号をおく。三角形ＡＥＦについて，外角の性質より，
角Ⓐ＝角ＡＥＦ＋角ＥＡＦ＝56°＋90°＝キ146°
角ＧＦＨ＝180°－角Ⓐ＝180°－146°＝34°だから，三角形ＦＧＨについて，
外角の性質より，角ＧＨＤ＝角ＧＦＨ＋角ＦＧＨ＝34°＋30°＝64°
ＡＤとＢＣは平行であり，同位角は等しいから，角Ⓑ＝角ＧＨＤ＝ク64°

5 (1) カップケーキ４個作る時に必要な砂糖は40ｇなのだから，求める分量は，$40\times\frac{20}{4}=200$(ｇ)

(2) **【解き方】カップケーキをいくつ作っても，必要なホットケーキミックスとバターの分量の比は，200：70＝20：７で一定である。**

ホットケーキミックスは500ｇ使うから，求める分量は，$500\times\frac{7}{20}=175$(ｇ)

《算　数》(発展)

※1 (1)ウ　(2)ア．６　イ．14　ウ．12　エ．68

※2 5050

※3 36

4 (1)３つの辺の長さがすべて等しい三角形　(2)①右図　※②12.56

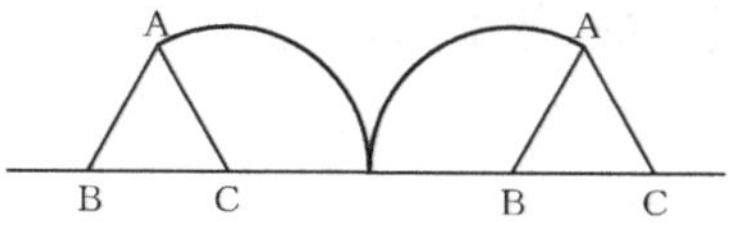

※5 (1)216　(2)81　(3)44

※6 (1)A．216　B．180　C．60　(2)25

※7 (1)ア．20000　イ．12000　ウ．8000　(2)7500，12500

※の求め方は解説を参照してください。

【算数(発展)の解説】

1 (1) 91÷５＝18余り１，91÷７＝13より，91は５の倍数ではなく，７の倍数であるので，ウの箱に入る。

(2) **【解き方】アの箱には，５の倍数であり３の倍数である数が入るから，５と３の最小公倍数である 15 の倍数が入る。また，イの箱には５の倍数であり，15 の倍数でない数が入る。ウの箱には，７の倍数であり５の倍数で**

ない数，つまり，7の倍数であり7と5の最小公倍数である35の倍数でない数が入る。

1から100までの整数のうち，5の倍数は100÷5＝20(個)，7の倍数は100÷7＝14余り2より14個，15の倍数は100÷15＝6余り10より6個，35の倍数は100÷35＝2余り30より2個ある。

したがって，アの箱には6枚，イの箱には20－6＝14(枚)，ウの箱には14－2＝12(枚)入るので，

エの箱には100－(6＋14＋12)＝68(枚)入る。

2　1から100までの連続する整数の和の2倍は，右の筆算より，101×100となるから，

1から100までの連続する整数の和は，$\frac{101\times100}{2}$＝5050

　1 ＋ 2＋ 3＋……＋100
＋)100＋ 99＋ 98＋……＋1
　101＋101＋101＋……＋101

3　**【解き方】えんぴつは127－19＝108(本)，ノートは80－8＝72(冊)わけたから，生徒の人数は，108と72の公約数である。まずは，108と72の最大公約数を考える。**

最大公約数を求めるときは，右の筆算のように割り切れる数で次々に割っていき，割った数をすべてかけあわせればよい。よって，108と72の最大公約数は，2×2×3×3＝36

36の次に大きい公約数は2×3×3＝18となるが，えんぴつが19本余っていることから，

生徒の人数は19人より多いことがわかるので，これは条件に合わない。

したがって，生徒の人数は36人である。

2) 108　72
2) 54　36
3) 27　18
3) 9　6
　3　2

4　(1)　正三角形は3つの内角の大きさがすべて等しいという性質もあるので，覚えておこう。

(2)①　Aが通った道筋は，右図の太線部分である。図のように，辺AC，ABが下の線につくときのAの位置に注目すると，Aが通った道筋がおうぎ形の曲線部分になるとわかる。

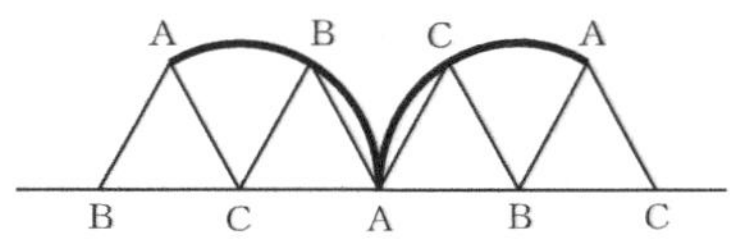

②　**【解き方】①の図より，求める長さは，半径が3cm，中心角が180°－60°＝120°のおうぎ形の曲線部分の長さ2つ分である。**

$3\times2\times3.14\times\frac{120°}{360°}\times2=4\times3.14=12.56$(cm)

5　(1)　図2より，水面が6cmのところで水面の高さの上がり具合が変わっているので，おもりの高さ(1辺の長さ)は6cmとわかる。よって，求める体積は，6×6×6＝216(cm³)

(2)　**【解き方】16秒間で入った水の量とおもりの体積の和は，縦14cm，横18cm，高さ6cmの直方体の体積に等しく，14×18×6＝1512(cm³)である。**

16秒間で入った水の量は1512－216＝1296(cm³)だから，求める体積は，1296÷16＝81(cm³)

(3)　**【解き方】水そうが満水になるとき，入った水の量とおもりの体積の和は，縦14cm，横18cm，高さ15cmの直方体の体積に等しく，14×18×15＝3780(cm³)となる。**

水が3780－216＝3564(cm³)だけ入れればよいので，求める時間は，3564÷81＝44(秒)

6　(1)　**【解き方】Bの個数を5×3＝15として，A，Cの個数を表す。**

Aの個数は$15\times\frac{6}{5}=18$，Cの個数は$15\times\frac{1}{3}=5$となるから，18＋15＋5＝38が456個を表す。

よって，Aの個数は$456\times\frac{18}{38}=216$(個)，Bの個数は$456\times\frac{15}{38}=180$(個)，Cの個数は$456\times\frac{5}{38}=60$(個)

(2)　**【解き方】予定した人数より8人多いと，6個ずつ配ったときにちょうど配れるのだから，予定した人数に6個ずつ配ると，キャンディーが6×8＝48(個)余る。**

予定した人数に対して，配るキャンディーの数を2個増やすと，配るのに必要なキャンディーの数は，48＋2＝50(個)多くなる。よって，予定した人数は，50÷2＝25(人)

7 (1) 国が負担するのは旅行代金の$\frac{1}{2}$だから，$40000\times\frac{1}{2}=$ ア20000(円)である。そのうち，旅行会社に支払う代金は$20000\times\frac{60}{100}=$ イ12000(円)，旅行者にわたすクーポン券は$20000\times\frac{40}{100}=$ ウ8000(円)である。

(2) **【解き方】クーポン券の金額は，四捨五入をする前は1500円以上2500円未満(2500円のときはクーポン券が3000円分になる)となる。**

四捨五入をする前が1500円だった場合，国が負担する金額は，$1500\div\frac{40}{100}=3750$(円)だから，旅行代金は，$3750\div\frac{1}{2}=7500$(円)となる。

四捨五入をする前が2500円だった場合，国が負担する金額は，$2500\div\frac{40}{100}=6250$(円)だから，旅行代金は，$6250\div\frac{1}{2}=12500$(円)となる。

よって，考えられる旅行代金は，7500円以上12500円未満である。

《英　語》

1 ①green ②bird ③autumn〔別解〕fall ④music ⑤grandmother ⑥December ⑦eleven ⑧third

2 ①built ②playing ③spoke ④are ⑤to study ⑥drawing ⑦better ⑧teeth ⑨sat ⑩boiled ⑪have known

3 ①little ②used ③at ④for ⑤about ⑥Shall ⑦Hold ⑧usually

4 ①He bought that cap yesterday. ②She was too tired to study. ③I have a sister who speaks French. ④How many dogs did he have five years ago? ⑤English is spoken in America.

5 1．I 2．L 3．G 4．H 5．D 6．K 7．A 8．F

6 問1．①う ②い ③あ ④え ⑤う ⑥い ⑦う 問2．すみかを失って，他の場所に移動しなければならない。 問3．パソコンやテレビなどを使わないときは，コンセントを抜く。 問4．③，④

7 (1)That sounds interesting.〔別解〕Sounds interesting. (2)How long did you practice it every day? (3)I enjoyed dancing with my friends.

■ ご使用にあたってのお願い・ご注意

（1）問題文等の非掲載

著作権上の都合により，問題文や図表などの一部を掲載できない場合があります。

誠に申し訳ございませんが，ご了承くださいますようお願いいたします。

（2）過去問における時事性

過去問題集は，学習指導要領の改訂や社会状況の変化，新たな発見などにより，現在とは異なる表記や解説になっている場合があります。過去問の特性上，出題当時のままで出版していますので，あらかじめご了承ください。

（3）配点

学校等から配点が公表されている場合は，記載しています。公表されていない場合は，記載していません。

独自の予想配点は，出題者の意図と異なる場合があり，お客様が学習するうえで誤った判断をしてしまう恐れがあるため記載していません。

（4）無断複製等の禁止

購入された個人のお客様が，ご家庭でご自身またはご家族の学習のためにコピーをすることは可能ですが，それ以外の目的でコピー，スキャン，転載（ブログ，ＳＮＳなどでの公開を含みます）などをすることは法律により禁止されています。学校や学習塾などで，児童生徒のためにコピーをして使用することも法律により禁止されています。

ご不明な点や，違法な疑いのある行為を確認された場合は，弊社までご連絡ください。

（5）けがに注意

この問題集は針を外して使用します。針を外すときは，けがをしないように注意してください。また，表紙カバーや問題用紙の端で手指を傷つけないように十分注意してください。

（6）正誤

制作には万全を期しておりますが，万が一誤りなどがございましたら，弊社までご連絡ください。

なお，誤りが判明した場合は，弊社ウェブサイトの「ご購入者様のページ」に掲載しておりますので，そちらもご確認ください。

■ お問い合わせ

解答例，解説，印刷，製本など，問題集発行におけるすべての責任は弊社にあります。

ご不明な点がございましたら，弊社ウェブサイトの「お問い合わせ」フォームよりご連絡ください。迅速に対応いたしますが，営業日の都合で回答に数日を要する場合があります。

ご入力いただいたメールアドレス宛に自動返信メールをお送りしています。自動返信メールが届かない場合は，「よくある質問」の「メールの問い合わせに対し返信がありません。」の項目をご確認ください。

また弊社営業日（平日）は，午前９時から午後５時まで，電話でのお問い合わせも受け付けています。

2025 春

株式会社教英出版
〒422-8054　静岡県静岡市駿河区南安倍３丁目 12-28
TEL　054-288-2131　　FAX　054-288-2133
URL　https://kyoei-syuppan.net/
MAIL siteform@kyoei-syuppan.net

教英出版の親子で取りくむシリーズ

公立中高一貫校とは？適性検査とは 受検を考えはじめた親子のための 最初の１冊！

「概要編」では公立中高一貫校の仕組みや適性検査の特徴をわかりやすく説明し，「例題編」では実際の適性検査の中から，よく出題されるパターンの問題を厳選して紹介しています。実際の問題紙面も掲載しているので受検を身近に感じることができます。

- 公立中高一貫校を知ろう！
- 適性検査を知ろう！
- 教科的な問題〈適性検査ってこんな感じ〉
- 実技的な問題〈さらにはこんな問題も！〉
- おさえておきたいキーワード

定価：1,078円（本体980+税）

適性検査の作文問題にも対応！ 「書けない」を「書けた！」に 導く合格レッスン

「実力養成レッスン」では，作文の技術や素材の見つけ方，書き方や教え方を対話形式でわかりやすく解説。実際の入試作文をもとに，とり外して使える解答用紙に書き込んでレッスンをします。赤ペンの添削例や，「添削チェックシート」を参考にすれば，お子さんが書いた作文をていねいに添削することができます。

- レッスン１ 作文の基本と，書くための準備
- レッスン２ さまざまなテーマの入試作文
- レッスン３ 長文の内容をふまえて書く入試作文
- 実力だめし！入試作文
- 別冊「添削チェックシート・解答用紙」付き

定価：1,155円（本体1,050+税）

絶賛販売中！

詳しくは教英出版で検索

教英出版 検索

URL https://kyoei-syuppan.net/

神奈川県

①［県立］
- 相模原中等教育学校
- 平塚中等教育学校

②［市立］南高等学校附属中学校
③［市立］横浜サイエンスフロンティア高等学校附属中学校
④［市立］川崎高等学校附属中学校
✿⑤聖光学院中学校
✿⑥浅野中学校
⑦洗足学園中学校
⑧法政大学第二中学校
⑨逗子開成中学校（1次）
⑩逗子開成中学校（2·3次）
⑪神奈川大学附属中学校（第1回）
⑫神奈川大学附属中学校（第2·3回）
⑬栄光学園中学校
⑭フェリス女学院中学校

新潟県

①［県立］
- 村上中等教育学校
- 柏崎翔洋中等教育学校
- 燕中等教育学校
- 津南中等教育学校
- 直江津中等教育学校
- 佐渡中等教育学校

②［市立］高志中等教育学校
③新潟第一中学校
④新潟明訓中学校

石川県

①［県立］金沢錦丘中学校
②星稜中学校

福井県

①［県立］高志中学校

山梨県

①山梨英和中学校
②山梨学院中学校
③駿台甲府中学校

長野県

①［県立］
- 屋代高等学校附属中学校
- 諏訪清陵高等学校附属中学校

②［市立］長野中学校

岐阜県

①岐阜東中学校
②鶯谷中学校
③岐阜聖徳学園大学附属中学校

静岡県

①［国立］静岡大学教育学部附属中学校（静岡·島田·浜松）

②
- ［県立］清水南高等学校中等部
- ［県立］浜松西高等学校中等部
- ［市立］沼津高等学校中等部

③不二聖心女子学院中学校
④日本大学三島中学校
⑤加藤学園暁秀中学校
⑥星陵中学校
⑦東海大学付属静岡翔洋高等学校中等部
⑧静岡サレジオ中学校
⑨静岡英和女学院中学校
⑩静岡雙葉中学校
⑪静岡聖光学院中学校
⑫静岡学園中学校
⑬静岡大成中学校
⑭城南静岡中学校
⑮静岡北中学校

⑯
- 常葉大学附属常葉中学校
- 常葉大学附属橘中学校
- 常葉大学附属菊川中学校

⑰藤枝明誠中学校
⑱浜松開誠館中学校
⑲静岡県西遠女子学園中学校
⑳浜松日体中学校
㉑浜松学芸中学校

愛知県

①［国立］愛知教育大学附属名古屋中学校
②愛知淑徳中学校

③
- 名古屋経済大学市邨中学校
- 名古屋経済大学高蔵中学校

④金城学院中学校
⑤椙山女学園中学校
⑥東海中学校
⑦南山中学校男子部
⑧南山中学校女子部
⑨聖霊中学校
⑩滝中学校
⑪名古屋中学校
⑫大成中学校
⑬愛知中学校
⑭星城中学校
⑮名古屋葵大学中学校（名古屋女子大学中学校）
⑯愛知工業大学名電中学校
⑰海陽中等教育学校（特別給費生）
⑱海陽中等教育学校（I·II）
⑲中部大学春日丘中学校
新刊⑳名古屋国際中学校

三重県

①［国立］三重大学教育学部附属中学校
②暁中学校
③海星中学校
④四日市メリノール学院中学校
⑤高田中学校
⑥セントヨゼフ女子学園中学校
⑦三重中学校
⑧皇學館中学校
⑨鈴鹿中等教育学校
⑩津田学園中学校

滋賀県

①［国立］滋賀大学教育学部附属中学校

②［県立］
- 河瀬中学校
- 守山中学校
- 水口東中学校

京都府

①［国立］京都教育大学附属桃山中学校
②［府立］洛北高等学校附属中学校
③［府立］園部高等学校附属中学校
④［府立］福知山高等学校附属中学校
⑤［府立］南陽高等学校附属中学校
⑥［市立］西京高等学校附属中学校
⑦同志社中学校
⑧洛星中学校
⑨洛南高等学校附属中学校
⑩立命館中学校
⑪同志社国際中学校
⑫同志社女子中学校（前期日程）
⑬同志社女子中学校（後期日程）

大阪府

①［国立］大阪教育大学附属天王寺中学校
②［国立］大阪教育大学附属平野中学校
③［国立］大阪教育大学附属池田中学校

④[府立]富田林中学校
⑤[府立]咲くやこの花中学校
⑥[府立]水都国際中学校
⑦清風中学校
⑧高槻中学校（A日程）
⑨高槻中学校（B日程）
⑩明星中学校
⑪大阪女学院中学校
⑫大谷中学校
⑬四天王寺中学校
⑭帝塚山学院中学校
⑮大阪国際中学校
⑯大阪桐蔭中学校
⑰開明中学校
⑱関西大学第一中学校
⑲近畿大学附属中学校
⑳金蘭千里中学校
㉑金光八尾中学校
㉒清風南海中学校
㉓帝塚山学院泉ヶ丘中学校
㉔同志社香里中学校
㉕初芝立命館中学校
㉖関西大学中等部
㉗大阪星光学院中学校

兵庫県

①[国立]神戸大学附属中等教育学校
②[県立]兵庫県立大学附属中学校
③雲雀丘学園中学校
④関西学院中学部
⑤神戸女学院中学部
⑥甲陽学院中学校
⑦甲南中学校
⑧甲南女子中学校
⑨灘中学校
⑩親和中学校
⑪神戸海星女子学院中学校
⑫滝川中学校
⑬啓明学院中学校
⑭三田学園中学校
⑮淳心学院中学校
⑯仁川学院中学校
⑰六甲学院中学校
⑱須磨学園中学校(第1回入試)
⑲須磨学園中学校(第2回入試)
⑳須磨学園中学校(第3回入試)
㉑白陵中学校
㉒夙川中学校

奈良県

①[国立]奈良女子大学附属中等教育学校
②[国立]奈良教育大学附属中学校
③[県立]
国際中学校
青翔中学校
④[市立]一条高等学校附属中学校
⑤帝塚山中学校
⑥東大寺学園中学校
⑦奈良学園中学校
⑧西大和学園中学校

和歌山県

①[県立]
古佐田丘中学校
向陽中学校
桐蔭中学校
日高高等学校附属中学校
田辺中学校
②智辯学園和歌山中学校
③近畿大学附属和歌山中学校
④開智中学校

岡山県

①[県立]岡山操山中学校
②[県立]倉敷天城中学校
③[県立]岡山大安寺中等教育学校
④[県立]津山中学校
⑤岡山中学校
⑥清心中学校
⑦岡山白陵中学校
⑧金光学園中学校
⑨就実中学校
⑩岡山理科大学附属中学校
⑪山陽学園中学校

広島県

①[国立]広島大学附属中学校
②[国立]広島大学附属福山中学校
③[県立]広島中学校
④[県立]三次中学校
⑤[県立]広島叡智学園中学校
⑥[市立]広島中等教育学校
⑦[市立]福山中学校
⑧広島学院中学校
⑨広島女学院中学校
⑩修道中学校
⑪崇徳中学校
⑫比治山女子中学校
⑬福山暁の星女子中学校
⑭安田女子中学校
⑮広島なぎさ中学校
⑯広島城北中学校
⑰近畿大学附属広島中学校福山校
⑱盈進中学校
⑲如水館中学校
⑳ノートルダム清心中学校
㉑銀河学院中学校
㉒近畿大学附属広島中学校東広島校
㉓AICJ中学校
㉔広島国際学院中学校
㉕広島修道大学ひろしま協創中学校

山口県

①[県立]
下関中等教育学校
高森みどり中学校
②野田学園中学校

徳島県

①[県立]
富岡東中学校
川島中学校
城ノ内中等教育学校
②徳島文理中学校

香川県

①大手前丸亀中学校
②香川誠陵中学校

愛媛県

①[県立]
今治東中等教育学校
松山西中等教育学校
②愛光中学校
③済美平成中等教育学校
④新田青雲中等教育学校

高知県

①[県立]
安芸中学校
高知国際中学校
中村中学校

福岡県

①［国立］福岡教育大学附属中学校（福岡·小倉·久留米）
②［県立］育徳館中学校
門司学園中学校
宗像中学校
嘉穂高等学校附属中学校
輝翔館中等教育学校
③西南学院中学校
④上智福岡中学校
⑤福岡女学院中学校
⑥福岡雙葉中学校
⑦照曜館中学校
⑧筑紫女学園中学校
⑨敬愛中学校
⑩久留米大学附設中学校
⑪飯塚日新館中学校
⑫明治学園中学校
⑬小倉日新館中学校
⑭久留米信愛中学校
⑮中村学園女子中学校
⑯福岡大学附属大濠中学校
⑰筑陽学園中学校
⑱九州国際大学付属中学校
⑲博多女子中学校
⑳東福岡自彊館中学校
㉑八女学院中学校

佐賀県

①［県立］香楠中学校
致遠館中学校
唐津東中学校
武雄青陵中学校
②弘学館中学校
③東明館中学校
④佐賀清和中学校
⑤成穎中学校
⑥早稲田佐賀中学校

長崎県

①［県立］長崎東中学校
佐世保北中学校
諫早高等学校附属中学校
②青雲中学校
③長崎南山中学校
④長崎日本大学中学校
⑤海星中学校

熊本県

①［県立］玉名高等学校附属中学校
宇土中学校
八代中学校
②真和中学校
③九州学院中学校
④ルーテル学院中学校
⑤熊本信愛女学院中学校
⑥熊本マリスト学園中学校
⑦熊本学園大学付属中学校

大分県

①［県立］大分豊府中学校
②岩田中学校

宮崎県

①［県立］五ヶ瀬中等教育学校
②［県立］宮崎西高等学校附属中学校
都城泉ヶ丘高等学校附属中学校
③宮崎日本大学中学校
④日向学院中学校
⑤宮崎第一中学校

鹿児島県

①［県立］楠隼中学校
②［市立］鹿児島玉龍中学校
③鹿児島修学館中学校
④ラ・サール中学校
⑤志學館中等部

沖縄県

①［県立］与勝緑が丘中学校
開邦中学校
球陽中学校
名護高等学校附属桜中学校

もっと過去問シリーズ

北海道

北嶺中学校
7年分（算数・理科・社会）

静岡県

静岡大学教育学部附属中学校
（静岡·島田·浜松）
10年分（算数）

愛知県

愛知淑徳中学校
7年分（算数・理科・社会）
東海中学校
7年分（算数・理科・社会）
南山中学校男子部
7年分（算数・理科・社会）
南山中学校女子部
7年分（算数・理科・社会）
滝中学校
7年分（算数・理科・社会）
名古屋中学校
7年分（算数・理科・社会）

岡山県

岡山白陵中学校
7年分（算数・理科）

広島県

広島大学附属中学校
7年分（算数・理科・社会）
広島大学附属福山中学校
7年分（算数・理科・社会）
広島学院中学校
7年分（算数・理科・社会）
広島女学院中学校
7年分（算数・理科・社会）
修道中学校
7年分（算数・理科・社会）
ノートルダム清心中学校
7年分（算数・理科・社会）

愛媛県

愛光中学校
7年分（算数・理科・社会）

福岡県

福岡教育大学附属中学校
（福岡·小倉·久留米）
7年分（算数・理科・社会）
西南学院中学校
7年分（算数・理科・社会）
久留米大学附設中学校
7年分（算数・理科・社会）
福岡大学附属大濠中学校
7年分（算数・理科・社会）

佐賀県

早稲田佐賀中学校
7年分（算数・理科・社会）

長崎県

青雲中学校
7年分（算数・理科・社会）

鹿児島県

ラ·サール中学校
7年分（算数・理科・社会）

※もっと過去問シリーズは国語の収録はありません。

教英出版
〒422-8054
静岡県静岡市駿河区南安倍3丁目12－28
TEL 054-288-2131
FAX 054-288-2133
詳しくは教英出版で検索
教英出版 検索
URL https://kyoei-syuppan.net/

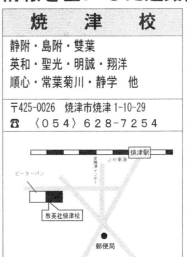

日曜進学教室の指導システム

理解を深め、定着させる５つのＳＴＥＰ

STEP 1 予習

当社で設定したカリキュラムに従い、毎週、次の日曜日に学習する項目に関して予習をしてきていただきます。これは、次の日曜日にどのようなことを学習するのか概要をつかみ、疑問点などを明確にしておくためのものです。

STEP 2 テスト

日曜進学教室では、毎週、テストを行います(30 分間)。予習範囲の学習内容がどの程度理解できているかを、児童自身が確認するためのテストであり、また、問題を解くことでさらに理解を深めていくための指導用のテストでもあります。(得点を競うためのテストではありません。)

STEP 3 解

テスト終了
います(50 分
解けなかった
いたところを
し、正しい理
また、正答を
や、問題を解
ど、実践的解
指導し、類似
養います。

1　**対象**　**小学5・6年**

2　**期間**　**5年生　2024 年2月4日(日)～2025 年1月 12 日(日)**
6年生　2024 年2月4日(日)～2025 年1月5日(日)

3　**時間**　**9:00～12:00**

模擬テスト(４月～)のあるときは　**10:00～12:00…中学入試模擬テスト**
13:00～15:30…解説授業

※静岡本部校は同内容の「土曜コース」があります。(詳細は別紙参照)
※焼津校の５年生は通常授業・模擬テスト・解説授業とも土曜日の実施となります。
　(祝日・講習会中は日曜日の実施)
※日曜進学教室生は、「中学入試模擬テスト」を必ず受験していただきます。
※日曜進学教室生(６年)は、年２回(４月７日、６月 23 日)「学力チェックテスト」を必ず受験していただきます。
※「中学入試模擬テスト」「学力チェックテスト」の詳細は別紙パンフレットをご覧ください。

2025年度中学入試　模擬テスト出題範囲

・小6　9月以降の範囲（上段から1回目、2回目）

・前回までの内容はすべて、次のテストの出題範囲になります。

		2月	4月	5月	6月	7月	8月	9月	10月	11月	12月	1月
6年生	国語	○5年までの 総復習	○説明的文章 ○物語 ○漢字の音訓 ○漢字の部首・ 画数・筆順	○説明的文章 ○物語 ○送りがな・ かなづかい ○文の組み立て	○説明的文章 ○詩 ○単語の種類	○説明的文章 ○随筆文 ○ことわざ ○慣用句 ○語句の意味と 用法	○7月までの 総復習	○説明的文章 ○物語 ○熟語	○説明的文章 ○物語 ○助詞・助動詞	○説明的文章 ○物語 ○敬語	○総合問題①	
								○説明的文章 ○随筆文 ○熟語	○説明的文章 ○随筆文 ○助詞・助動詞	○説明的文章 ○物語 ○敬語 ○文の書きかえ	○総合問題②	
			（漢字の読み書きは、8月までは5年生までの復習）									
	算数	○5年までの 総復習 ○速さ	○正多角形と円 ○割合	○割合とグラフ ○文字と式	○分数のかけ算・ わり算	○小数と分数の 計算	○対称な図形 ○資料の整理	○8月までの 総復習	○角柱・円柱 の体積・表面積	○拡大図・縮図 ○比例・反比例	○総合問題①	
								○曲線のある図形	○比	○ならべ方 組合せ	○総合問題②	
5年生	国語	○4年までの 総復習	○説明文 ○物語 ○漢字の音訓 ○漢字の部首・ 画数・筆順	○説明文 ○物語 ○同訓異字・ 同音異義語 ○送りがな・ かなづかい	○説明文 ○随筆文 ○熟語 ○同類語・反対語	○説明文 ○詩 ○言葉のきまり （主語・述語 ・修飾語）	○7月までの 総復習	○説明文 ○随筆文 ○言葉の意味 ○ことわざ・ 慣用句	○説明文 ○伝記文 ○漢字・熟語の まとめ	○説明文 ○物語 ○言葉のきまり・ 言葉の意味の まとめ	○説明文 ○随筆文 ○言葉のきまり （敬語）	○総合問題
			（漢字の読み書きは、8月までは4年生までの復習）									
	算数	○4年までの 総復習	○小数と整数	○合同な図形 ○比例	○体積	○小数のかけ算	○小数のわり算	○図形の角	○倍数・約数	○分数のたし算・ ひき算	○単位量あたり の大きさ	○図形の面積

※ 6年生2月算数：正多角形と円、割合、割合とグラフを除く

	小　6	小　5
春期講習	3月21日(木)～4月2日(火) の8日間　予定	3月21日(木)～4月1日(月) の7日間　予定
夏期講習	7月29日(月)～8月22日(木) の14日間　予定	7月29日(月)～8月22日(木) の14日間　予定
冬期講習	12月23日(月)～1月3日(金) の8日間　予定	12月23日(月)～12月31日(火) の7日間　予定

詳しくはパンフレットをご請求ください。

バックナンバー受験制度

本年度に実施された「中学入試模擬テスト」で、すでに終了した回の「中学入試模擬テスト」をさかのぼって受験することができます。採点した答案とともに、その回の成績表をお付けします。復習、入試対策にご利用ください。（※「まとめて予約」の適用外となります）

1回分受験料　4,500円(税込)＋郵送料

自宅でテストが受けられます

お電話またはホームページのお問合せフォームよりお申込み下さい。

① 郵送にて問題用紙をお送りします。（実施日1~2日前後着予定）

② 解答用紙と受験票をご返送ください。

③ 到着後、採点集計し、テスト結果を返送いたします。

※受験料は同封の払込票で、問題用紙到着後1週間以内にお支払いください。

1回分受験料　4,500円(税込)＋郵送料

年生
年生

2025年度中学入試用
静岡県中学入試模擬テスト

対象校

静大附属静岡・島田・浜松・不二聖心・日大三島・暁秀・星陵・富士見・サレジオ翔洋・大成・英和・雙葉・常葉・常葉橘・静岡学園・聖光・静岡北・城南藤枝明誠・順心・常葉菊川・磐田東・西遠・開誠館・浜松日体・浜松学芸聖隷・浜松学院・浜松修学舎・沼津市立・清水南・浜松西

入試直結の問題・確かなデータ

ポイント１　静岡県の中学受験を完全網羅

教英社の中学入試模擬テストは、静岡県で過去に出題された問題を中心に入試問題を研究し、翌年の静岡県の中学入試を予想して作成されたものです。

ポイント２　正確な合否判定資料

この模擬テストには、静岡県の中学受験を希望する方の大多数にご参加いただいていますので、個人成績表に示されたデータは、客観的に各受験者の合格判定をはかる確かなデータとなっています。

ポイント３　弱点把握・学習指針

当社独自に年間カリキュラムを作成し、中学入試に必要とされる学習項目をすべて試験にとり入れておりますので、年間を通じて受験していただければ、入試のためにどのような学習が必要か、自分の苦手なところはどこかなどを判断する上での参考にもなります。この模擬テストを目標に学習をすすめ、正確なデータにもとづき各自の学力の伸びを判断していけば、志望校合格への道は開けてくるはずです。

■ 実施日

6年生		
	①　２月12日（月・祝）	⑧　９月15日（日）
	②　４月21日（日）	⑨　10月６日（日）
	③　５月19日（日）	⑩　10月20日（日）
	④　６月16日（日）	⑪　11月３日（日）
	⑤　７月21日（日）	⑫　11月17日（日）
	⑥　８月18日（日）	⑬　12月１日（日）
	⑦　９月１日（日）	⑭　12月15日（日）

5年生		
	①　２月12日（月・祝）	⑦　９月15日（日）
	②　４月21日（日）	⑧　10月20日（日）
	③　５月19日（日）	⑨　11月17日（日）
	④　６月16日（日）	⑩　12月15日（日）
	⑤　７月21日（日）	⑪　１月５日（日）
	⑥　８月18日（日）	

■ 会場・時間・受験料　※2/12のみ時間が異なります。（詳細は別紙参照）

学年（科目）／会場	6年生　2科目（国・算）	5年生　2科目（国・算）
静岡本部校	10:00～12：00　または　13：00～15：00	
焼津校	10:00～12：00	
受験料	**1回4,500円(税込)**。ただし、前もって無料模擬以外の5回以上をまとめて予約された方は1回4,000円（税込）で受験できます。実施日前日までにまとめてご予約された分のみ割引の対象となります。当日申し込み分は割引の対象とはなりませんのでご了承ください。予約日の変更はできませんのでご注意ください。 実施日前日までにご予約されていない方で、自宅での受験を希望される場合、問題用紙の**郵送料**が別途掛かりますのでご了承ください。 **※「予約」とは実施日前日までに受験料のお支払いがされていることです。電話でのお申込みは予約にはなりませんのでご注意ください。(※無料模擬除く)**	

■ 申し込み方法

① 教英社事務所での取り扱い（当日受付も承ります。ただし、初めて本テストを受験される方は、ご予約の上受験されることをお勧めします。）

② 現金書留（申込書を添えて郵送下さい。）静岡本部校のみ

（注）教英社現教室生は、授業料の中に模擬テスト受験料（教室生割引き金額）も含まれておりますので、申し込みの必要はありません。

■ 持ち物

筆記用具（シャープペンは不可）

■ 解説授業

教英社の現教室生は、実施日午後（13：00～15：30）に行われる模擬テスト解説授業をテスト受験料プラス2,500円で受講できます。あらかじめ御予約ください。日曜進学教室生は申し込みの必要はありません。定員に達し次第締切ります。**模擬テストのみ・講習会受講のみの児童は参加できません。**

約　定

1　模擬テスト参加を受験料払込みのうえ予約された方で当日何らかの事情で欠席されても受験料は返金致しません。問題用紙を発送させて戴きますのでご自宅で解いて、解答用紙を小社宛に返送して下さい。採点後、成績表とともに郵送致します。

2　解説授業に申し込まれた方で、当日何らかの事情で欠席された場合、振り替え授業がありません。また、受講料も返金できませんのでご注意下さい。

3　答案の採点に当たっては四審し、万全を期しておりますが、万一採点ミスがありましたら恐れ入りますが小社宛返送して下さい。訂正後送料当社負担にて郵送させて戴きます。

教英社
KYOEISHA

http://kyoeisha.jp

静岡本部校	〒420-0031　静岡市葵区呉服町2-3-1　ふしみやビル5F （054）252－3445
焼津校	〒425-0026　焼津市焼津1-10-29 （054）628－7254

キリトリ線

教英社　中学入試模擬テスト　申込書

※教英社の会員証をお持ちの方は**太枠部分のみ記入**して下さい。

会員番号		フリガナ	
		本人氏名	男・女
生年月日	志望校名	保護者氏名	
・　・			
在学校・学年		電話番号	
小学校　年		〈　〉　－	
		緊急連絡先	
		〈　〉　－	
住所	〒　－		

会場	□ 静岡校　□ 焼津校
学年	□ 6年生　□ 5年生
時間	□ 10：00～12：00 □ 13：00～15：00（静岡校のみ）

受験月日の□に✔を入れて下さい。解説授業希望日は番号に○をつけてください。

受験日						
6年生	①	2/12（無料）		⑧	9/15	□
	②	4/21	□	⑨	10/6	□
	③	5/19	□	⑩	10/20	□
	④	6/16	□	⑪	11/3	□
	⑤	7/21	□	⑫	11/17	□
	⑥	8/18	□	⑬	12/1	□
	⑦	9/1	□	⑭	12/15	□
5年生	①	2/12（無料）		⑦	9/15	□
	②	4/21	□	⑧	10/20	□
	③	5/19	□	⑨	11/17	□
	④	6/16	□	⑩	12/15	□
	⑤	7/21	□	⑪	1/5	□
	⑥	8/18	□			

模擬テスト　　回分　　円
現教室生のみ（解説授業　　回分　　円）
を添えて申し込みます。

受験料……………………………… 1回　4,500円（税込）
5回以上…………………… 1回当たり　4,000円（税込）

※当日会場で申し込む方はこの申込書はいりません。

日曜進学教室

・県内中学受験に添った徹底指導　・志望校別の豊富な受験資料と情報

業

業を行
のとき
違えて
で確認
ます。
ロセス
意点な
ねんに
用力を

STEP 4 復習

日曜進学教室終了後、ご自宅にて、同じ内容のテストをもう一度解いていただきます。解説授業での指導を思い起こしながら、間違えていたところを修正し、満点の答案を作成することで、日曜進学教室で学んだ指導内容の定着をはかります。〈満点答案の作成〉

STEP 5 模擬テスト

毎月の中学入試模擬テストの内容は、日曜進学教室の学習進度と並行しています。日曜進学教室で学習したことがどの程度理解できているかを、模擬テストを受験することで、客観的に判断できます。また、模擬テスト直後に解説授業が組みこまれているので、テストでの疑問点がすぐに解決できます。

キリトリ

2024年度　小5・6　日曜進学教室　入室申込書

会員番号		フリガナ		在学校名
		生徒氏名	男 女	小学校
学年	生年月日	フリガナ		志望校名
年	年　月　日	保護者名		中学校
住所	〒　−			
電話番号	(　)　−		緊急連絡先	(　)　−

受講会場 ○でかこんでください	1.静岡本部校	2.焼津校	入室日
	A 日曜(5.6年)コース B 土曜(5.6年)コース	A 日曜(6年)コース B 土曜(5年)コース	年　月　日より
入室金免除	他の講座入室時に支払い済	兄弟姉妹が入室金を支払い済	

既に教英社の会員証をお持ちの方は、太わくの部分のみご記入ください。

進学教室室生は、学費の中に、中学入試模擬テスト受験料も含まれております。テスト申込書は提出必要はありません。

本部校の土曜(5.6年)コースは7月までの実施になります。夏期講習以降は日曜コースに参加していただき
。

学　　費

〈２ヶ月分の学費〉

約　　　　定

何らかの事情で途中退室される受験生は、入室金・当月授業料・教材費は返金致しませんので、ご承知おき下さい。

学費（日曜進学教室の授業料は２ヶ月単位）

学年	学期	授業料（円）	テスト受験料（円）	2ヶ月分合計（円
６年	第一期（２～３月）	４３，２００	0	４３，２００
	第二期（４～５月）	３３，８００	12,500模試(2回)チェック(1回)	４６，３００
	第三期（６～７月）	３８，６００	12,500模試(2回)チェック(1回)	５１，１００
	第四期（８～９月）	３６，３００	12,000模試(3回)	４８，３００
	第五期（10～11月）	２９，２００	16,000模試(4回)	４５，２００
	第六期（12～１月）	２４，２００	8,000(模試2回)	３２，２００
５年	第一期（２～３月）	３７，８００	0	３７，８００
	第二期（４～５月）	３０，２００	8,000(模試2回)	３８，２００
	第三期（６～７月）	３４，４００	8,000(模試2回)	４２，４００
	第四期（８～９月）	３４，４００	8,000(模試2回)	４２，４００
	第五期（10～11月）	３０，２００	8,000(模試2回)	３８，２００
	第六期（12～１月）	２６，０００	8,000(模試2回)	３４，０００

・初回申込時のみ入室金 17,800 円がかかります。(兄弟姉妹が入室金を支払い済みの方は必要ありませ
　教材費６・５年 8,200 円(初回のみ/5・6 年内容の合本です)

・途中入室の場合の授業料は残りの授業回数で計算します。

・上記金額には消費税が含まれております。

※学力チェックテスト(６年)を４月７日、６月 23 日に実施。国・算の弱点を分析し指導の資料とします。

教室案内・行事予定

1.　中学入試模擬テスト

小学校 5.6 年対象―国語・算数
6 年生 14 回　5 年生 11 回

2.　受験科教室

小学校 5.6 年対象―国語・算数

3.　志望校別特訓クラス　小学校６年対象

4.　清水南中受検総合適性クラス

静岡本部校　小学校６年対象

5.　志望校別模擬テスト（附属静岡・島田・雙葉）

小学校６年対象

6.　講　習　会（春・夏・冬）

7.　問　題　集

・国・私立中学入試問題集―静附・雙葉・英和・聖光・常葉・静学・橘・翔洋・不二聖心・サレジオ・西遠・浜松開誠館・暁秀・浜松西・清水南他
・面接試験受験の要領・面接試験の要領ＤＶＤ
・中学入試総まとめ　国語・算数

令和三年度　藤枝明誠中学校　学力試験問題　（一次試験）

国　語

（45分）

1　次の①～⑩の――線部について、漢字はひらがなに直し、カタカナは漢字に直しなさい。

①　雨戸を開ける。

②　寒波がとう来する。

③　あの星は肉眼でも見える。

④　山の頂に登る。

⑤　わたしの郷土は静岡県だ。

⑥　バリキのある車だ。

⑦　ジビ科の医者になる。

⑧　社長をジニンする。

⑨　ソウリ大臣を目指す。

⑩　レイゾウコからプリンを取り出す。

2　次の①～⑤ついて、主語と述語をA～Eの中から一つずつ選び、記号で答えなさい。ない場合は「なし」と答えなさい。

①　Ａ毎週　Ｂテレビで　見て　いた　Ｃアイドルが、おととい　Ｄ突然　Ｅ結婚した。

②　Ａきのうの　Ｂあなたよりも　Ｃ今日の　Ｄあなたが　Ｅ好きだ。

③　Ａあっ、Ｂあんな　所に　Ｃとっても　きれいな　Ｄ四つ葉の　Ｅクローバーが。

④　Ａ父と　Ｂ同じように　Ｃ兄の　Ｄ心も　Ｅ温かい。

⑤　Ａ消しゴムや　Ｂえんぴつを　Ｃ投げるのは　Ｄ今すぐに　Ｅやめなさい。

3　次の①～⑤には、他の言葉と種類の違うものが混ざっています。その言葉を(ア)～(オ)の中から一つずつ選び、記号で答えなさい。

①　(ア)　始まる　(イ)　勉強する　(ウ)　売る　(エ)　食べる　(オ)　投げる　〔　〕

②　(ア)　問い　(イ)　黒い　(ウ)　悪い　(エ)　ねむい　(オ)　あまい　〔　〕

③　(ア)　いらっしゃる　(イ)　召し上がる　(ウ)　なさる　(エ)　ご覧になる　(オ)　申し上げる　〔　〕

④　(ア)　きれいだ　(イ)　有名だ　(ウ)　反対だ　(エ)　まじめだ　(オ)　得意だ　〔　〕

⑤　(ア)　ところが　(イ)　だから　(ウ)　では　(エ)　とても　(オ)　つまり　〔　〕

4　次の①～⑤の四字熟語の意味として適切なものを(ア)～(カ)の中から一つずつ選び、記号で答えなさい。

①　一念発起《いちねんほっき》　②　古今東西《ここんとうざい》　③　順風満帆《じゅんぷうまんぱん》　④　波乱万丈《はらんばんじょう》　⑤　有名無実《ゆうめいむじつ》

(ア)　大きな変化に満ちていること。

(イ)　いつでもどこでもということ。

(ウ)　評判ばかりが立派で中身がないこと。

(エ)　思い立って、何かを始めようとすること。

(オ)　思い切りが悪く、ぐずぐずしていること。

(カ)　すべてがこの上なくうまく進んでいること。

5　次の①～⑤のことわざ・慣用句の（　）に当てはまる漢字を(ア)～(コ)の中から一つずつ選び、記号で答えなさい。

①　（　）の耳に念仏　②　（　）も歩けば棒に当たる　③　（　）の手も借りたい

④　（　）も木から落ちる　⑤　飛ぶ（　）を落とす勢い

(ア)　魚　(イ)　犬　(ウ)　虫　(エ)　蛇《へび》　(オ)　猫《ねこ》　(カ)　猿《さる》　(キ)　虎《とら》　(ク)　牛　(ケ)　鳥　(コ)　馬

6 次の①～⑤について、――線部の言葉がかかる言葉をA～Dの中から一つずつ選び、記号で答えなさい。

① わたしは　藤枝市に　ある　A大きな　B公園で　C犬と　D遊んだ。
② テストで　とても　Aよい　B点を　C取ったので、　母に　Dほめられた。
③ 彼は　弟に　A対して、　B強い　Cいかりを　D覚えた。
④ あなたの　Aかっこよくて　Bじょうぶな　Cセーターを　D編んだのは　わたしだ。
⑤ 父は　よく　Aアイスクリームを　Bわたしの　Cために　D買ってくれる。

7 次の①～⑤の（　）に当てはまる語として適切なものを(ア)～(キ)の中から一つずつ選び、記号で答えなさい。
(同じ記号は二度使えません。)

① （　）母はカレーライスを作ってくれるだろう。
② 彼の姿は（　）宇宙飛行士のようだ。
③ （　）雨が降ったら、運動会は中止になるだろう。
④ 運動をやりすぎると、（　）体に悪い影響があるらしい。
⑤ 買ったばかりの机が（　）よごれてしまった。

(ア) 早くも	(イ) もし	(ウ) たとえ	(エ) ぜひ	(オ) きっと	(カ) かえって	(キ) まるで

8 次の①～⑤の（　）に当てはまる語として適切なものを(ア)～(キ)の中から一つずつ選び、記号で答えなさい。
(同じ記号は二度使えません。)

① 三時間も走り続けた（　）、とてものどがかわいた。
② たくさんごはんを食べた（　）、おなかがすいている。
③ わたしが好きな人はあなた（　）だ。
④ 藤枝市（　）焼津市は静岡県にある。
⑤ 大人で（　）解けない問題を、小学生が解けるはずがない。

(ア) と	(イ) まで	(ウ) のに	(エ) より	(オ) さえ	(カ) だけ	(キ) ので

9 次の文章は、「中学校において制服は必要か」というテーマについて書かれた意見文です。この意見文の説得力を増すために必要な点として適切でないものを(ア)～(オ)の中から二つ選び、記号で答えなさい。

> わたしは、中学校において制服は必要だと思います。なぜなら、中学生は制服を着たいと思っているからです。
> たとえば、中学二年生の姉は、制服をとても気に入っています。また、姉が友人に聞いたところ、姉の友人も制服を着ることが好きだと答えていました。
> このように、ほとんどの中学生にとって、制服はお気に入りのアイテムです。だから、わたしは中学校において制服は必要だと思います。

(ア) 必要な情報をより多く伝えられるように、一つ一つの文をできるだけ長くすべきである。
(イ) 姉とその友人だけでなく、住む地域や性別などが異なる多くの中学生を対象として、調査を行うべきである。
(ウ) 「ほとんど」という言葉を用いずに、どれくらいの割合なのかという正確な数字を示すべきである。
(エ) 自分の意見に対する予想される反論と、その反論についての自分の考えを示すべきである。
(オ) 「中学校において制服は必要だ」という意見を示す回数を、より多くすべきである。

10 次の文章を読み、後の問いに答えなさい。

著作権に関係する弊社の都合により
本文は省略いたします。
教英出版編集部

著作権に関係する弊社の都合により
本文は省略いたします。
教英出版編集部

（弓木春奈『気象災害から身を守る　大切なことわざ』による）

注
(1) リスナー……ラジオをきいている人
(2) 局地……限られた地域
(3) 氾濫……川の水などがいっぱいになってあふれること
(4) 浸水……水にひたること
(5) 冠水……作物などが水をかぶること

問一 [I]、[II] に入る言葉として、適当なものを次の(ア)～(エ)の中からそれぞれ一つ選び、記号で答えなさい。

(ア) たとえば　(イ) しかし　(ウ) なぜなら　(エ) 一方

問二 本文中には次の一文がぬけています。この一文が入る適切な箇所を、本文中の [A] ～ [D] から一つ選び、記号で答えなさい。

外に出るほうが危険な場合は、建物の上の階に移動する「垂直避難《ひなん》」を呼びかけることもあります。

問三 本文は大きく二つのまとまりに分けることができます。二つ目のまとまりはどこから始まるか、最初の五字をぬき出しなさい。

問四 ――線部①「それまで」とはいつまでのことですか。解答欄《らん》に合うように答えなさい。

問五 ――線部②「具体的にどんな状況になり、どのような影響が出るのか、という表現を足し、リスナーの方に危機感を持っていただくようにしています」とありますが、リスナーの方に危機感を持っていただくために、具体的にどのような伝え方の工夫をしていますか。本文中の言葉を使い、二つあげなさい。

問六 テレビの天気予報とラジオの天気予報の伝え方ではどのような違いがありますか。テレビとラジオそれぞれについて説明しなさい。

問七 次の [資料] を読み、後の問いに答えなさい。

[資料]

ラジオの「道路交通情報」はどうやって流しているの？

桜井：ラジオをきいていると、定期的に「道路交通情報」が流れます。
この放送はどこで、どのような人が放送しているのでしょう。
今日は道路交通情報センター代表の松本さんにお話を聞いていきます。

松本：松本です。本日はよろしくお願いします。
道路交通情報センターは道路交通情報を365日欠かすことなく伝え続けています。
今日はみなさんに私たちのことを少しでも知ってもらいたいと思っています。

桜井：では早速ですが、ラジオの「道路交通情報」はどこから放送されていますか？

松本：東京と大阪に道路交通情報センターがあり、そこから地域の担当者が放送しています。
現在、福岡にもオフィスをつくっているところです。

桜井：交通情報を放送するときに心がけていることはありますか？

松本：はい。まずは、地域ごとの交通に関する特徴を知ることです。
各担当者は、リスナーのみなさんが必要とする情報を、正確に、そしてわかりやすく伝わりやすい放送にできるように心がけています。また、放送局から指定された時間の厳守《げんしゅ》はもちろんのこと、放送エリアや放送番組の内容に合っているかにも気をつけています。
他には、代わりのいない専門の仕事ですので、各自の健康管理が欠かせません。
近年、災害が増加しており、そのようなときは情報量がとても多くなってしまいます。
決まった時間内に全ての情報をお伝えできないこともあります。
そのような場合は、ドライバーの方に影響が大きいと思われる情報からお伝えするよう【　　A　　】ようにしています。

桜井：放送で大変なことはありますか。

松本：道路交通情報は、一日に平均800回も放送されています。
原稿《げんこう》なしでアナウンスをすることもあるので担当者の負担はとても大きいと思います。

桜井：全国の道路は、道路交通情報センターの発信するリアルタイムの正しい情報に守られていることを自覚して、交通安全をより一層心がけたいものです。
今日はありがとうございました。

松本：ありがとうございました。

(1) 【 A 】に入る内容を次から一つ選び、記号で答えなさい。

(ア) 素早く優先順位をつける　(イ) 時間いっぱい早口で話す

(ウ) 声の大小で印象づける　(エ) ゆっくり正確に話す

(2) 次の会話は本文と資料を読んだ生徒が会話しているものです。生徒A～Dの会話の中で、**適切でない**ものをA～Dの中から一つ選び、記号で答えなさい。

生徒A「日本道路交通情報センターってラジオで交通情報を放送している団体らしいね。」

生徒B「さっき読んだ気象キャスターの人とこの資料のセンターの人は、どちらも聞いている人に影響が大きいと思うものから情報を伝えているみたいだよ。」

生徒C「そうだね。どちらも地域のことを知らないとできない仕事だね。天気も交通情報も私たちの生活に直接影響があるものだけど、放送回数が少ないのが問題だと思うな。」

生徒D「その時に必要な情報を伝えるって頭を使って大変だけど、ぼくたちも練習したらできるようになるよね。」

令和３年度　藤枝明誠中学校　学力試験問題（一次試験）

算　　数（基　礎）

（その１）

登録番号		氏名		得点	

（20分）

（配点非公表）

1 次の(1)～(4)を，筆算で計算しなさい。

(1)　4.85 ＋ 9.3

（筆算）

答

(2)　56.2 － 7.85

（筆算）

答

(3)　8.6 × 6.45

（筆算）

答

(4)　0.21 × 37

（筆算）

答

2 次の(1)，(2)を筆算で計算しなさい。ただし，(1)は商を整数で求め，余りも出しなさい。(2)は，商の小数第三位を四捨五入して，小数第二位まで求めなさい。

(1)　62.1 ÷ 4.9

（筆算）

答　商　　　　余り

(2)　0.41 ÷ 8.7

（筆算）

答　商

3 次の(1)～(3)を計算しなさい。なお，とちゅうの計算がわかるように書きなさい。また，約分できる分数は約分して答えなさい。

(1)　$3\frac{1}{6} - 2 + \frac{5}{12}$

（計算）

答

(2)　$4\frac{1}{6} \times \frac{9}{10} \div 1.25$

（計算）

答

(3)　$\frac{3}{5} - 1\frac{1}{3} \div 2\frac{2}{3}$

（計算）

答

算　数（基礎）

（その２）

登録番号		氏名	

4 次の**ア～ク**の［　］内に当てはまる数を答えなさい。

(1)　$3+\{7-(5+$［ア］$\div 9)\}\times 6=3$

ア	

(2)　100円玉が２枚，50円玉が３枚あります。どちらのお金も必ず１枚以上使うとき，支払《はら》うことができる金額は全部で［イ］通りあります。

　また，使わないお金があってもよいとき，支払うことができる金額は［ウ］通りあります。ただし，０円はふくみません。

イ		ウ	

(3)　自動車が，126㎞の道のりを１時間45分で走りました。このとき，自動車の速さは時速［エ］㎞です。また，この自動車が同じ速さで240㎞の道のりを走るとき，［オ］時間［カ］分かかります。

エ		オ		カ	

(4)　長方形ＡＢＣＤがあり，右の図のように，三角定規を置きました。このとき，Ⓐの角の大きさは［キ］°，Ⓑの角の大きさは［ク］°です。

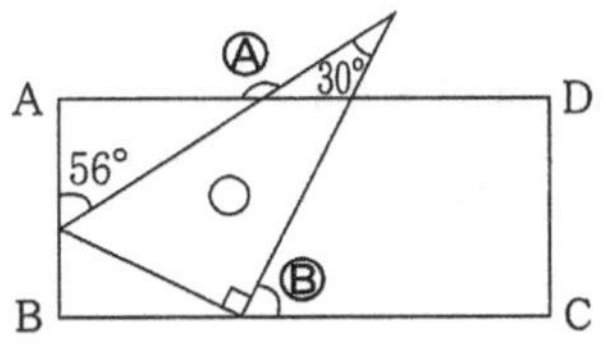

キ		ク	

5　Ａさんは，おかしの本を参考にしてカップケーキを作ることにしました。その本には下の表のように，カップケーキを４個作るときに必要な材料とその分量が書いてありました。

カップケーキ（４個分）の材料

材　　料	分　量
ホットケーキミックス	200ｇ
砂　　糖	40ｇ
バ　タ　ー	70ｇ
牛　　乳	20ｇ
卵	２個

　このとき，次の(1)，(2)の問いに答えなさい。ただし，表に書かれた分量の割合で，カップケーキを作るものとします。

(1)　カップケーキを20個作るとき，必要な砂糖の分量を求めなさい。

答　　　　ｇ

(2)　Ａさんは，500ｇ入りのホットケーキミックスを１袋買いました。買ったホットケーキミックスをすべて使ってカップケーキを作るとき，必要なバターの分量を求めなさい。

（求め方）

答　　　　ｇ

算　数（発 展）

（その１）

登録番号		氏名		得点	

（配点非公表）

（40分）

1　１から100までの整数を１つずつ書いたカード100枚を，下のような手順で**ア**～**エ**の箱に入れていきます。

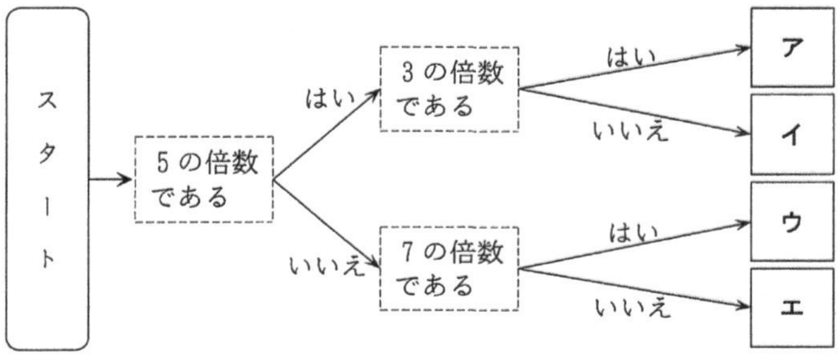

このとき，次の(1)，(2)の問いに答えなさい。

(1)　91と書いたカードはどの箱に入りますか。**ア**～**エ**の中から１つ選び，記号で答えなさい。

（求め方）

答

(2)　**ア**～**エ**の箱に入るカードの枚数をそれぞれ求めなさい。

（求め方）

ア	枚	イ	枚	ウ	枚	エ	枚

2　ある算数の授業で，先生が下の**問題**を出しました。

問題

１から100までの整数をすべて足したらいくつになりますか。

Ａさんは計算を簡単にするために，次のような**工夫**をしました。

工夫

１から100までの整数の列　１，２，３，…，98，99，100　と，
これを逆から並べた整数の列　100，99，98，…，３，２，１
を用意します。もとの整数の列を上に，逆から並べた整数の列を下に並べて，上下の整数を足し合わせます。

このとき，**工夫**を参考にして**問題**の答えを求めなさい。

（求め方）

答

3　えんぴつが127本，ノートが80冊あります。あるクラスの生徒全員にそれぞれ同じ本数のえんぴつと同じ冊数のノートを，できるだけ余りが少なくなるように配ったところ，えんぴつが19本，ノートが８冊余りました。このとき，このクラスの生徒の人数を求めなさい。

（求め方）

答　　　人

算　数（発展）

（その２）

登録番号		氏名	

4　正三角形について，次の(1)，(2)の問いに答えなさい。

(1)　正三角形とは，どのような図形のことですか。図を用いないで，言葉だけで説明しなさい。

答

(2)　１辺が３㎝の正三角形を下の図の左の位置からすべることなく，時計回りに１回転させます。

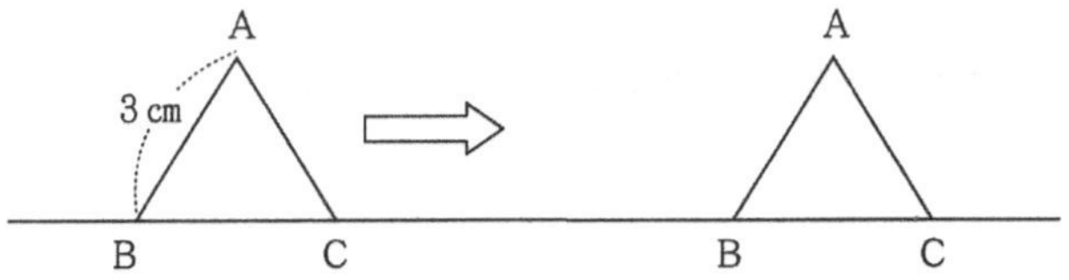

このとき，次の①，②の問いに答えなさい。

①　点Aが通った道筋を，下のわくの中に作図しなさい。ただし，作図には定規やコンパスを使用し，作図に用いた線は残しておくこと。

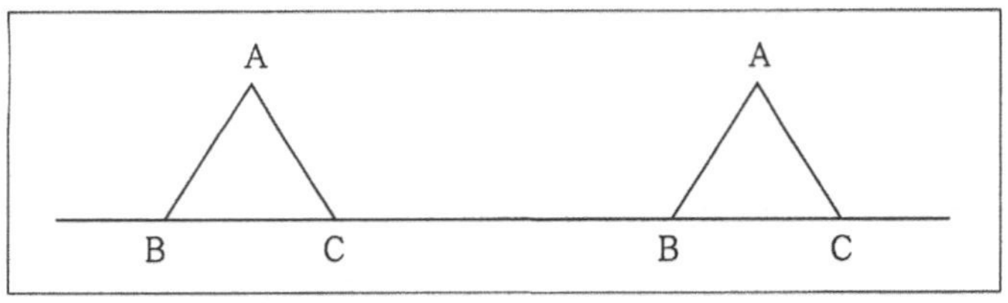

②　点Aが通った道筋の長さを求めなさい。ただし，円周率は3.14とします。

（求め方）

答　　　　㎝

5　下の**図１**のように，直方体の形をした水そうの底に立方体のおもりを置きました。この水そうに，一定の割合で水を入れます。**図２**のグラフは水を入れ始めてからの時間と水面の高さの関係を表したものです。

図１

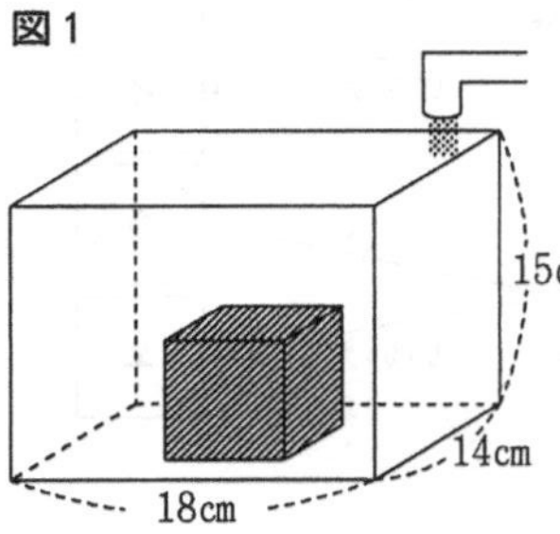

図２

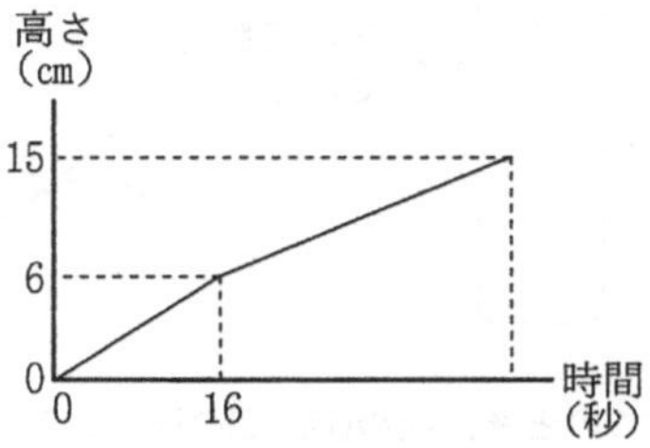

このとき，次の(1)～(3)の問いに答えなさい。ただし，水そうの厚みは考えず，水そうは水平な台の上にのせてあるものとします。また，立方体のおもりは水に浮かないものとします。

(1)　おもりの体積を求めなさい。

（求め方）

答　　　　㎤

(2)　１秒間に，水そうに入る水の体積を求めなさい。

（求め方）

答　　　　㎤

(3)　水を入れ始めてから水そうが満水になるまでの時間を求めなさい。

（求め方）

答　　　　秒

算　数（発展）

（その３）

登録番号		氏名	

6 お楽しみ会で出席者におかしを配ることにしました。配るおかしは，３種類のチョコレートA，B，Cと１種類のキャンディーです。

このとき，次の(1)，(2)の問いに答えなさい。

(1) 用意したチョコレートについて，AとBの個数の比は６：５で，BとCの個数の比は３：１でした。また，すべてのチョコレートの個数を数えると456個でした。このとき，A，B，Cの個数をそれぞれ求めなさい。

（求め方）

A	個	B	個	C	個

(2) 出席者の人数がわからないので，ある人数を予定してキャンディーを用意すると，下の①，②のようになりました。

① 予定した人数のとき，１人８個ずつ配ると２個足りません。
② 予定した人数より８人多く参加すると，ちょうど１人６個ずつ配れます。

このとき，予定した人数を求めなさい。

（求め方）

答　　人

7 ある国は国内経済の活性化のために，国内旅行について，次のようなキャンペーンを行いました。

旅行者が，旅行会社に支払《はら》う旅行代金の $\frac{1}{2}$ にあたる金額を，国が負担します。負担の方法は，次の①と②のとおりです。
① 国が負担する金額の60％を，百の位を四捨五入して，国が旅行会社に支払います。
② 国が負担する金額の40％を，百の位を四捨五入して，旅行先で使えるクーポン券として，国が旅行者にわたします。

このとき，次の(1)，(2)の各問いに答えなさい。

(1) 次の**ア**～**ウ**にあてはまる数を答えなさい。

旅行代金が40000円のとき，国が負担する金額の合計は［ア］円です。国が負担する金額のうち，旅行会社に支払う代金は［イ］円で，旅行者にわたすクーポン券は［ウ］円分です。

（求め方）

ア		イ		ウ	

(2) 国が旅行者にわたすクーポン券が2000円分のとき，考えられる旅行代金は何円以上何円未満ですか。この範囲《はんい》を求めなさい。

（求め方）

答　　円以上　　円未満

令和３年度　藤枝明誠中学校　入学試験問題　英語

（45分）

１，次の日本語、または数字を英語に変えなさい。

① 緑色　　② 鳥　　③ 秋　　④ 音楽
⑤ 祖母　　⑥ １２月　　⑦ １１　　⑧ ３番目（序数：順序を表す数）

２，次の英文の（　　）内の語を、適切な形に直しなさい。答えは１語とはかぎりません。

① When was the temple (build)?　　その寺はいつ建てられましたか。
② The girl (play) the piano is my friend.　　ピアノをひいている少女は私の友達です。
③ I (speak) English during the trip.　　私たちは旅行中、英語を話しました。
④ There (be) seven days in a week.　　一週間は７日間です。
⑤ My brother promised (study) hard.　　私の弟は一生懸命勉強することを約束しました。
⑥ Mary is good at (draw) pictures.　　メアリーは絵を描くのが得意です。
⑦ Tom swims (well) than I.　　トムは私よりも上手に泳ぎます。
⑧ Brush your (tooth) after meals.　　食事の後は歯をみがきなさい。
⑨ She (sit) on the sofa.　　彼女はソファに座りました。
⑩ He eats a (boil) egg every day.　　彼は毎日ゆで卵を食べます。
⑪ I (know) Cathy for ten years.　　私はキャシーと１０年間知り合いです。

３，次の文の（　　）内に、日本語の意味になるように適切な英語１語を入れなさい。

① We had a (　　) snow this winter.　　今年の冬は少し雪がふりました。
② I (　　) to play with a toy car.　　私はよくおもちゃの車で遊んでいたものでした。
③ Please come here (　　) noon tomorrow.　　明日の正午にここに来て下さい。
④ He was looking (　　) his camera.　　彼は自分のカメラを探していた。
⑤ How (　　) coming with us?　　私たちと一緒に来ませんか。
⑥ (　　) I make some coffee for you?　　コーヒーをいれましょうか。
⑦ (　　) on, please.　　（電話を）切らずにお待ち下さい。
⑧ She (　　) takes a walk before breakfast.　　彼女はたいてい朝食前に散歩します。

４，次の英文を指示にしたがって全文を書きかえなさい。

① He buys that cap.　　（ 文末に yesterday をつけて ）
② She was so tired that she couldn't study.　　（ too~to…の構文を用いて ）
③ I have a sister.　She speaks French.　　（ 関係代名詞 who を用いて１つの文に ）
④ He had three dogs five years ago.　　（ 下線部が答えの中心となるような疑問文に ）
⑤ They speak English in America.　　（ 受動態の文に ）

５，次の英文を読んで、その内容についてまとめた表の（　１　）から（　８　）に入る適切な語を下の語群から選んで記号で答えなさい。

Life in Japan is supported by *developing countries.　Japan *imports a lot of foods from foreign countries.　Many of them are made by people in developing countries.　You can find that a lot of things in our lives are coming from other countries.

For one year, the *amount of food that is wasted in Japan would be about five to nine million tons. But nine hundred and twenty-five million people in the developing countries *suffer from *hunger.　*In addition, Japan has wasted paper and wood.　When they are wasted, problems such as *global warming *arise.　Heavy rains increase and natural *disasters happen even in Japan because of global warming.

What should we do to solve the problems in the world?　Japan and the world are connected. There are people in need in the world.　*On the other hand, we are wasting food and other things.　By *reflecting on our lifestyle, we can help the people around the world.

*developing country　発展途上国　　*import　輸入する　　*amount　量　　*suffer　苦しむ
*hunger　飢え　　*in addition　加えて　　*global warming　地球温暖化
*arise　起こる　　*disaster　災害　　*on the other hand　一方で
*reflect on　見直す

日本は外国から多くの物を（　１　）している
↓
その多くが（　２　）で作られている

日本の生活は発展途上国によって支えられている

現状は・・・　　日本がムダ使いしているもの

食　料　　　（　５　）

（　３　）で５～９百万トンが廃棄されている
↓
発展途上国では９２５百万人が（　４　）に苦しんでいる

ムダ使いすることが（　６　）のような問題を引き起こす
↓
豪雨や（　７　）の原因となる

私たちのすべきこと

私たちの（　８　）を見直すことで世界中の人々を救うことができる

A　自然災害　　B　１ヶ月　　C　病気　　D　紙、木　　E　地震　　F　生活様式
G　１年間　　H　飢え　　I　輸入　　J　水　　K　地球温暖化　　L　発展途上国

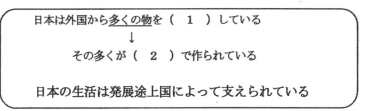

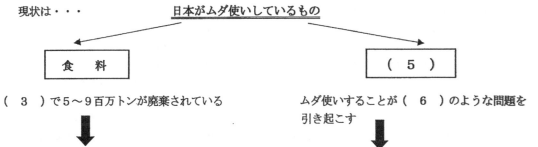

6，次の英文を読んで、問いに答えなさい。

Imagine you are in a really cold place, *the Antarctic region. You see all kinds of animals there in the snow. Now you're looking at a black and white animal *sliding on its *belly in the snow. Do you know what animal I'm talking about? *Seals? *Polar bears? Imagine smaller animals. Yes, I'm talking about penguins!

Penguins can't fly. They are the only birds that can swim *instead. They are great swimmers. There are 18 kinds of penguins in the world. Four of them are Emperor, Adélie, Gentoo and Chinstrap.

Emperor penguins are the largest of all the penguins. They grow up to 110 cm, which is as tall as a 6 year-old child. They are the kind of penguins that *give birth during the winter. The Mama penguin usually lays the egg and leaves it to the Papa penguin. The Mama penguin then leaves her family *for a while, so she can look for food. The Papa penguin stays and takes care of the baby penguin until the Mama penguin comes back.

Second type are Adélie penguins. They are not as big as the Emperors. Adélies lay eggs in the summer. Both Mama and Papa penguins take care of their babies. Adélie penguins are also *brave. They are known to *protect themselves from other animals bigger than them. They also make their own *nests of rocks and stones. They sometimes *steal rocks from other penguins' nests.

The third type are Gentoo penguins. They are the fastest swimmers. The fastest speed was 35 kilometres *per hour. That's faster than the *speed limit in some streets in Japan. Also,Gentoos choose only one partner forever. When looking for a partner, the *male Gentoo gives stones to a *female Gentoo as a present. When a Mama Gentoo lays an egg, both the Mama and the Papa Gentoo build the nest. When the baby penguins grow, they *develop wings and that helps them swim better. After this, the baby penguin will start living *by itself.

The fourth type of penguin are Chinstrap penguins. Chinstraps have a black *band on their neck and it looks like they are wearing a helmet. There are over 7 million pairs of Chinstraps in the world. They also have pink legs and feet! They are the most *aggressive penguins.

A lot of these penguins we talked about live in Antarctica, a place full of ice and snow. The ice is their home. They get food there too. Recently, *the global warming issue is getting more and more serious, so many of these penguins are losing their home and have to move to other places. What can we do for our cute penguins to continue to have a home? Although we can't stop *climate change, its *effects can be slowed. <u>(1)We can do things</u> like *unplugging computers, TVs and so on when we're not using them. We can do something to *reduce the effects of global warming and *prevent our penguins from losing their homes. Let's all do our best!

*the Antarctic region　南極地方　*slide　すべる　*belly　腹　*seal　アザラシ
*polar bear　ホッキョクグマ　*instead　代わりに　*give birth　産卵する
*for a while　しばらくの間　*brave　勇かんな　*protect　守る　*nest　巣
*steal　盗む　*per ～　～につき　*speed limit　速度制限
*male　オス　*female　メス　*develop　発達させる
*by itself　自分自身で　*band　ひも状の模様　*aggressive　けんか好きな
*the global warming issue　地球温暖化問題　*climate　気候　*effect　影響
*unplug　コンセントを抜く　*reduce　減らす　*prevent A from ~ing　Aが～するのをさまたげる

問1，次の特徴（とくちょう）を持つペンギンを下から選んで、記号で答えなさい。

① 産卵する時、オス（父親）とメス（母親）両方で巣を作る。
② 岩や石で巣を作る。
③ 最も大きなペンギンである。
④ 脚がピンク色をしている。
⑤ オスがメスに石をプレゼントする。
⑥ 勇敢で、自分達より大きな動物から自分達を守る。
⑦ つばさを発達させた後、ヒナは自分で生活し始める。

あ　Emperor penguin　い　Adélie penguin　う　Gentoo penguin　え　Chinstrap penguin

問2，地球温暖化が深刻になるとペンギンの生活にどんな影響を与えていますか。本文の内容にそくして２５字程度の日本語で答えなさい。

問3，下線部(1)の具体的な例としてあげられていることを、日本語で答えなさい。

問4，次の日本文の中から本文の内容に合っているものを２つ選び、記号で答えなさい。

① Emperor penguin も Adélie penguin も冬に産卵する。
② Emperor penguin は父親が食料を探しにいっている間に、母親がヒナの世話をする。
③ Adélie penguin は他のペンギンの巣から岩を盗むことがある。
④ Gentoo penguin は最も速く泳ぐことができるペンギンである。
⑤ Chinstrap penguin は最もおだやかな性格のペンギンである。
⑥ 私たちは努力すれば、気候の変化を止めることができる。

7，次のなおとエミリーの会話のうち、下線の引かれた日本語を英語に直しなさい。

なお：　今日、学校でダンスデーがあったの。
エミリー：　<u>(1)面白そうね（面白そうに聞こえるね）。</u>それはどんなことをするの。
なお：　クラスで曲を選んで、みんなでダンスを練習するのよ。
エミリー：　<u>(2)毎日、どのくらい練習したの。</u>
なお：　２時間くらい練習したわ。<u>(3)友達とダンスをして楽しかったわ。</u>

令和三年度　藤枝明誠中学校　学力試験問題（一次試験）

国語

受験番号	
氏　名	
得　点	

（配点非公表）

1

①	②	③	④	⑤	⑥	⑦	⑧	⑨	⑩

2

	主語	述語
①		
②		
③		
④		
⑤		

3

①	②	③	④	⑤

4

①	②	③	④	⑤

5

①	②	③	④	⑤

6

①	②	③	④	⑤

7

①	②	③	④	⑤

8

①	②	③	④	⑤

9

・

※ 10（説明文）の解答用紙は、裏面《うら》にあります。

10

問一
I
II

問二

問三

問四
まで。

問五
【一つ目】
【二つ目】

問六
【テレビ】
【ラジオ】

問七
(1)
(2)

令和3年度　藤枝明誠中学校　入学試験問題　英語

(配点非公表)

登録番号	小 学 校 名	氏　　名	得　　点

1

①		②		③	
④		⑤		⑥	
⑦		⑧			

2

①		②		③	
④		⑤		⑥	
⑦		⑧		⑨	
⑩		⑪			

3

①		②		③	
④		⑤		⑥	
⑦		⑧			

4

①	
②	
③	
④	
⑤	

5

1		2		3		4		5		6	
7		8									

6問 1

①		②		③		④		⑤		⑥		⑦	

問 2

問 3

問 4

7

(1)	
(2)	
(3)	

令和四年度　藤枝明誠中学校　学力試験問題　（一次試験）

国　語

（45分）

1　次の①～⑩の――線部について、漢字はひらがなに直し、カタカナは漢字に直しなさい。

①　ヨクジツまで待つ　　②　イギを唱《とな》える
③　国連にカメイする　　④　カンタンな問題
⑤　ロケットをハッシャする　　⑥　時計の長針
⑦　店に並ぶ　　⑧　迷子になる
⑨　宝石を買う　　⑩　地球温暖化が心配だ

2　次の①～⑤の各文の「主語」と「述語」を、それぞれA～Eの中から選び、記号で答えなさい。ない場合は、「なし」と答えなさい。

①　Aたくさんの　B日本食の　中で　C高山屋の　Dうどんが　一番　E好きだ。
②　Aねえ、　B鈴木さんが　Cさっきから　D楽しそうに　E歌っているね。
③　A私たちは　B今日の　午後　おこなわれる　C試合には　D絶対に　E負けられない。
④　範囲の　A広い　次の　B算数の　C確認テストが　D私は　とても　E心配です。
⑤　A僕は　B誰よりも早く　C始めたい　Dこの　Eゲームを。

3　次の①～⑤のそれぞれのグループには、他の言葉と種類の違うものが一つずつ混ざっています。その言葉を、(ア)～(オ)の中から一つ選び、記号で答えなさい。

①〔(ア)　暑い　(イ)　赤い　(ウ)　おいしい　(エ)　明るい　(オ)　思い〕
②〔(ア)　さわぐ　(イ)　笑う　(ウ)　話す　(エ)　食べる　(オ)　細かく〕
③〔(ア)　ダンス　(イ)　バカンス　(ウ)　ロマンス　(エ)　タンス　(オ)　プリンス〕
④〔(ア)　申し上げる　(イ)　ご覧になる　(ウ)　おっしゃる　(エ)　いらっしゃる　(オ)　めし上がる〕
⑤〔(ア)　きれいだ　(イ)　行列だ　(ウ)　静かだ　(エ)　なめらかだ　(オ)　幸せだ〕

4　次の①～⑤の四字熟語の意味として適当なものを(ア)～(オ)の中から一つずつ選び、記号で答えなさい。

①　七転八倒《しちてんばっとう》　②　切磋琢磨《せっさたくま》　③　雲外蒼天《うんがいそうてん》　④　起死回生《きしかいせい》　⑤　日進月歩《にっしんげっぽ》

(ア)　成長の度合いが急速であること。
(イ)　絶望的で危機的な状態から立ち直ること。
(ウ)　激《はげ》しい苦痛などで、ひどく苦しんで転げまわること。
(エ)　どんなにひどい状態も、そこを乗りこえれば明るい未来が広がっていること。
(オ)　仲間同士で努力や競争をして向上《こうじょう》すること。

5　次の①～⑤のことわざ・慣用句の空欄にあてはまる語を(ア)～(コ)の中から一つずつ選び、記号で答えなさい。ただし、同じ言葉は二度使えません。

①（　　）を占《し》める　　②（　　）を脱《ぬ》ぐ　　③（　　）を射《い》る
④（　　）が立つ　　⑤（　　）を売る

(ア)　兜《かぶと》　(イ)　的《まと》　(ウ)　味　(エ)　板　(オ)　靴《くつ》　(カ)　筆　(キ)　矢　(ク)　油　(ケ)　棒《ぼう》　(コ)　宝

6 次の①～⑤の各文の――線部の言葉はどの言葉にかかっていますか。記号で答えなさい。

① A中学校に 入学すると B部活動も 忙しくなるし C勉強も 難しくなりますが D毎日の 生活が E充実します。

② A今年の B春休みは 絶対に Cアメリカへ D旅行に E行こうね。

③ もし A今日 熱が Bあるのなら、 学校を C休んで 家で D寝ていなければ Eいけないよ。

④ 今日 A参考書を B買って 英語の C勉強を 始めても、 明日から D英語が 話せるように Eなるわけではない。

⑤ Aこの世で B一番 おもしろいのは C間違いなく Dバスケットボール部の Eタカシくんだ。

7 次の①～③の各文の〔 〕内の言葉を言いかえなさい。

① どうして地球は〔青い〕。

② 今度のパーティーには、どうか〔出席する〕。

③ 勉強したのだから、たぶん〔合格する〕。

8 次の①～⑤の各文の（ ）に当てはまる言葉を(ア)～(オ)の中から一つずつ選び、記号で答えなさい。同じ言葉は二度使えません。

① 次の旅行は船（ ）世界一周をしようと思っている。

② サッカーボールを上（ ）投げる。

③ これは、岡本さん（ ）石川さんにお願いしておけば安心だ。

④ 例（ ）お店にご飯を食べに行こうよ。

⑤ どうしてもカレー（ ）食べたい。

(ア) へ	(イ) が	(ウ) の	(エ) か	(オ) で

9 資料(1)は、ある中学校の月ごとの平均自主学習時間を学年別に表したものです。資料(2)は、この中学校の行事予定表です。二つの資料を照らし合わせて考えたときにわかることを一つ書きなさい。

資料(1)

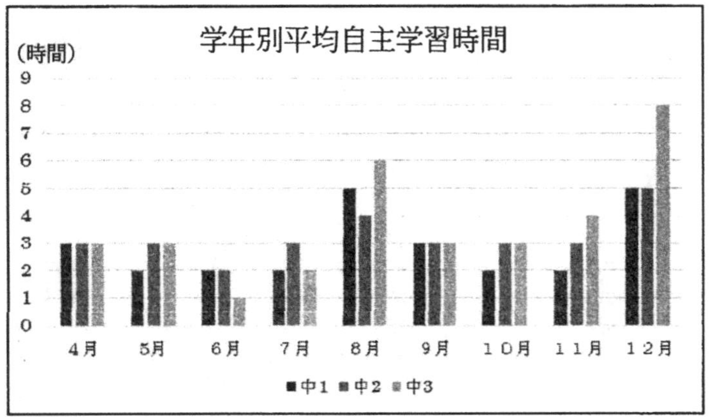

資料(2)

行事予定表

月	行事予定
4月	入学式・課題テスト
5月	遠足
6月	文化祭（中1：見学　中2：合唱　中3：模ぎ店）
7月	
8月	夏休み
9月	課題テスト
10月	中3：修学旅行
11月	
12月	中3：実力確認テスト

[10] 次の文章を読んで、あとの問いに答えなさい。

「みんなお友だちです」

「みんな仲よくしましょう」

子どものころから、よく親や先生にこう教えられてきませんでしたか？

幼い子どもたちに、

「差別をせず、だれとでも分けへだてせずに仲よくつきあいましょう」

ということを教えるために、こういう言葉が使われてきました。

注(1)他者性や注(2)自立性というものがまだ芽生えていない子どもたちは、こう言われたら素直《すなお》に、「みんなと仲よくしよう」「友だちになろう」と努力できるのです。

[Ⅰ]、中学生くらいになると、そう単純《たんじゅん》にはいきません。

「同級生を全員、『友だち』だと思って仲よくつきあいなさい」と言われても、正直、無理ですよね。

「みんな仲よく」がむずかしいことであることを、それぞれが実感しています。

もう子どもではないのですから、大人の仲間入りを始めているのですから、いつまでも小さな子たちと同じように、「みんな仲よく」「みんな友だち」という言葉、注(3)概念《がいねん》にとらわれなくていい、ぼくはそう思っています。

「みんな友だち」じゃなくていいんです。

一緒《いっしょ》にいて楽しい人、気持ちの通じ合う人が「友だち」。

ただし、友だちになれそうにない人とも、傷《きず》つけあわずにおだやかな関係を築いていくことを心がける。

[Ⅱ]、「気の合う友だちをつくる」力と、「気の合わない相手ともうまくつきあう」力、二段がまえで考える。

中学生になったら、こんなふうに意識を切り替《か》えたほうがいいんじゃないか、と思うのです。

（中略）

最近の傾向《けいこう》として、「友だち」という言葉がちょっと美化されすぎ、重みをもちすぎではないか、という気がします。

[1]

「友だちはいいもの」「友情はすばらしいもの」という方向に針《はり》が振《ふ》れすぎていて、みんなそのイメージに振りまわされているところがあるんじゃないかと思うんです。

たとえば、①「友だちは多いほうがいい」というような雰囲気《ふんいき》が世の中にありますが、「注(4)この風潮《ふうちょう》は危険だなあ」とぼくは思っています。

友だちの「数」をみんなが意識するようになったのは、注(5)ネットの影響《えいきょう》です。

注(6)S《エス》N《エヌ》S《エス》での人とのつながりが「友だち」と名づけられ、つながっている人数が数字としてはっきり見えるようになった。

その数が多いと、「すごい」と注(7)賞賛《しょうさん》されるようになった。

[2]

しかし、数の多さは、友だち関係の豊かさを示すものではありません。

そもそも、注(8)「申請《しんせい》して、注(9)承認《しょうにん》されたら友だち」って、実際にはありえないでしょう。

イヤだと思ったら、ボタン操作《そうさ》ひとつで一方的に関係を絶ち切ることができるのも、注(10)ドライすぎる。

ときには、本当の名前も知らない、本当はどういう人なのかわからない相手が友だちになっていることもありますね。

それで、未成年者が危険な目にあうようなこともいろいろ起きています。

「友だちの友だち」は、友だち？

いやいや、そんなことはありません。

「友だちの友だち」は、[A]です。

言葉の響《ひび》きのよさにごまかされてはいけません。

本当にいろいろな人から好かれ、慕《した》われ、友だちが多い人は、自分の友だちの人数を誇《ほこ》らしげに自慢《じまん》するようなことはしません。

大事なのは友だちの多さじゃないんです。

どれだけいい関係が結べているかです。

「親友」という言葉も、やたらと重みをもちすぎてしまっています。

[3]

親友とは何か、どこからが親友なのかと問われても、だれも答えられない。注(11)感覚的なものでしかない。

それでも、「親友はいいもの、すばらしいもの」のように思っている人が多くて、「親友がいない」と言うと、大事なことを語り合える友だちのいない人なんだ、人間的にちょっと問題があるんじゃないだろうか、というような感じになってしまいます。

「親友だと思っていたのに裏切られた」

という話もよく聞きますが、親友だと思っているから、友だちのなかでも特別な位置づけだという思いがあるから、気持ちのすれ違《ちが》いによけいに深く傷つき、許せないと思ってしまうわけですね。

それだったら、②<u>最初から親友だなんて思わないでいたほうが幸せというものです。</u>

親友がいなければいけないと思い込むのも、よくないんです。

「友だち」という言葉のまわりにある注(12)漠然《ばくぜん》としたイメージに、まどわされないでほしいと思います。

「友だちは多いほうがいい」と思い込んでしまうと、「友だちが多いことはうらやましい」ことになりますし、「友だちが少ないと恥《は》ずかしい」ことになってしまいます。

さらには、「友だちがいないとみじめ」「友だちがいないなんて人に知られたくない」ということになっていってしまいます。

これでは、「友だちがいないこと」「いつもひとりでいること」が怖《こわ》くなってしまいますね。

それほど仲のいい友だちでなくても、つながっていたいと考える人が多いのは、こういう発想に注(13)毒されてしまっているんじゃないかな。

[4]

友だち関係が不安で仕方ない人たちを、ぼくは「友だちがいないと注(14)不安だ症候群《しょうこうぐん》」と呼《よ》んでいます。

友だちがいなくなることを怖がり、心配しすぎてしまう「心のクセ」のことです。

友だちがいないと不安だ症候群の人は、

「つながっていないと不安」

「嫌《きら》われたくない」

「ひとりぼっちになってしまうのは怖い」

という思いから離《はな》れられません。

[Ⅲ]、SNSを頻繁《ひんぱん》にチェックし、やりとりをしつづける。

グループの一員でありつづけようと、何をするにも、どこに行くにも一緒《いっしょ》に行動しようとする。

でも、それは楽しい友だち関係なのかな？

「友だちはいなくちゃいけないもの」「友だちがいなくなったら、自分は居場所《いばしょ》を失ってしまう」という注(15)強迫観念《きょうはくかんねん》のようなものに取りつかれて、本来の友だち関係の意味を忘れてしまっているように見えます。

「友だちとは——一緒にいて楽しくて、[B]になれる、[C]になれる存在」

それだけでいいんじゃないかな？

気楽に、注(16)シンプルに、友だちをそう注(17)定義《ていぎ》づけてみてはどうでしょう。

一緒にいて、素直に楽しいと思えない相手だったら、笑顔になれないような関係だったら、自分のなかの活力がしぼんでしまうような関係だったら、それは友だちじゃないということ。

そういう相手と、無理して友だちでありつづけようとする必要はないということ。

べつにその人と縁《えん》を切り、絶交《ぜっこう》しなくていいんですよ。

先ほど、友だちのあり方を二段がまえに切り替《か》えてみようという話をしました。

・気持ちの通じ合う相手と、濃《こ》い友だち関係を築く
・友だちになれそうにない人とも、おだやかな関係を築く

気の合う友だちとしてつきあうことはできなくても、「知り合い以上友だち未満」くらいの距離感《きょりかん》で、薄《うす》く浅《あさ》くつきあっていけばいいのです。

つきあい方の濃度《のうど》を変えるだけですが、「友だちでいなきゃいけない」という思い込みにしばられているときとは気持ちがガラッと変わると思います。

（齋藤孝《さいとうたかし》『友だちってなんだろう？　ひとりになる勇気、人とつながる力』誠文堂新光社による）

※設問の都合上、本文を一部改変しています

注(1) 他者性……他人は自分とちがう性質をもっているということ。
(2) 自立性……他人にたよることなく、自分で物ごとを行うこと。
(3) 概念……物ごとのおおまかな内容や考えかた。
(4) 風潮……時代とともに変わっていく世の中のありさま。
(5) ネット……コンピュータによるネットワーク。インターネット。
(6) ＳＮＳ……ソーシャルネットワーキングサービス。インターネット上のコミュニケーションツール。LINE（ライン）、Twitter（ツイッター）などがある。
(7) 賞賛……ほめたたえること。
(8) 申請……ゆるしをねがい出ること。
(9) 承認……みとめてゆるすこと。
(10) ドライ……そっけないこと。
(11) 感覚的……感じたままであるさま。
(12) 漠然……ぼんやりとして、はっきりしないようす。
(13) 毒されて……悪い影響《えいきょう》を受けて。
(14) 症候群……原因がわからない多くの症状。
(15) 強迫観念……考えないようにしても頭からはなれない考え。
(16) シンプル……単純なさま。
(17) 定義づけて……言葉の意味をはっきりさせて。

問一 Ⅰ ～ Ⅲ に入る言葉として適切なものを次の(ア)～(オ)の中から一つずつ選び、それぞれ記号で答えなさい。

(ア) だから　(イ) しかし　(ウ) なぜなら　(エ) あるいは　(オ) つまり

問二 ――線部①「『友だちは多いほうがいい』というような雰囲気が世の中にあります」とあるが、世の中の人が友だちの数を気にするようになったのはなぜか。次の(ア)～(エ)の中から最も適切なものを一つ選び、記号で答えなさい。

(ア) 友だちの数が多いとたくさんの人と楽しく話ができるから。
(イ) 友だちの数が多いと自分がすばらしい人だと思われるから。
(ウ) ＳＮＳでの「友だち」が多いと周りの人からすごいとほめられるから。
(エ) ＳＮＳでの「友だち」が多いとだれとでもつき合えるようになるから。

問三 Ａ に入る言葉として最も適切なものを次の(ア)～(エ)の中から一つ選び、記号で答えなさい。

(ア) 悪人　(イ) 他人　(ウ) 友だち　(エ) 親友

問四 ——線部②「最初から親友だなんて思わないでいたほうが幸せというものです」とあるが、親友と思わないほうが幸せだと言えるのはなぜか。その理由を五十～六十字で説明しなさい。

問五 [B]・[C] に入る適切な言葉をそれぞれ漢字二字で答えなさい。ただし、[B] は本文中から探し、[C] は考えて答えなさい。

問六 本文には次の一文がぬけています。この文が入る適切な箇所《かしょ》を本文中の [1] ～ [4] から一つ選び、記号で答えなさい。

これもなかなか危険な言葉です。

問七 本文の内容として正しくないものを、次の(ア)～(オ)の中から一つ選び、記号で答えなさい。

(ア) 中学生くらいになると、みんなと友だちのようにつきあうのは幼い子どもとちがい無理である。

(イ) 最近は、「友情はすばらしいもの」というイメージに振りまわされる人が多い傾向にある。

(ウ) 「友だち」という言葉のイメージにまどわされる人は、友だちがいないことを怖がらない。

(エ) 「友だちがいないと不安だ症候群」の人は、グループの人と何をするにも一緒に行動しようとする。

(オ) 気の合わない人とは、知り合い以上友だち未満くらいの薄く浅い関係でつきあっていけばいい。

令和４年度　藤枝明誠中学校　学力試験問題（一次試験）

算　数（基　礎）

（２０分）

（その１）

登録番号		氏名		得点	

（配点非公表）

（注意）解答は各設問の☐内に記入し，（計算），（求め方）と書かれているものは必ず明記しなさい。

1　次の(1)〜(4)を計算しなさい。

(1)　$32 - 2 \times (18 - 3) \div 5$

（計算）

答 ☐

(2)　2.36×6.5

（計算）

答 ☐

(3)　$6.12 \div 0.29$（商を整数で求め，あまりも出しなさい）

（計算）

答	商	あまり

(4)　$3.5 \times 2.6 + 0.35 \times 13 + 35 \times 0.41$

（計算）

答 ☐

2　次の(1)〜(4)を計算しなさい。

(1)　$\frac{3}{8} \div 1\frac{2}{7} \times 6$

（計算）

答 ☐

(2)　$0.75 \div 3\frac{1}{4} \times 2.4$

（計算）

答 ☐

(3)　$\frac{5}{26} + \frac{13}{18} + \frac{4}{13} - \frac{2}{9}$

（計算）

答 ☐

(4)　$\frac{5}{7} \times 3\frac{1}{2} - \left(\frac{2}{5} + \frac{2}{3}\right) \div 1\frac{1}{3}$

（計算）

答 ☐

令和４年度　藤枝明誠中学校　学力試験問題（一次試験）

算　　数（基礎）

（その２）

登録番号		氏名	

（注意）解答は各設問の［　　］内に記入し，（計算），（求め方）と書かれているものは必ず明記しなさい。

3 次の［ア］～［オ］に当てはまる数を答えなさい。

(1)　落とした高さの$\frac{5}{7}$だけはね上がるボールを，245cmの高さから落とします。ボールが２回目にはね上がったときの高さは［ア］cmです。

ア［　　　　］

(2)　長方形の縦《たて》と横の長さの比《ひ》は４：７で，縦と横の長さの差は3.6cmです。このとき，縦の長さは［イ］cmです。

イ［　　　　］

(3)　誠さんの国語，社会，算数，理科の４教科のテストの平均点は82点です。理科の点数が79点のとき，国語，社会，算数の３教科の平均点は［ウ］点です。

ウ［　　　　］

(4)　右の図は，長方形ＡＢＣＤをＢＥで折り返したところを表しています。㋐の角の大きさは［エ］°です。

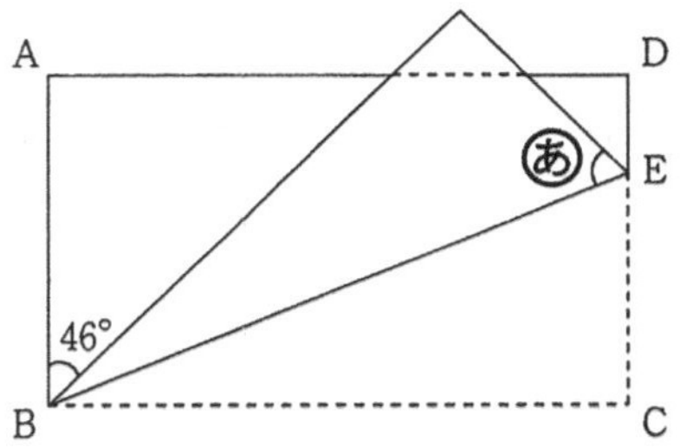

エ［　　　　］

(5)　右の図は，底面の半径が３cm，高さが５cmの円すいです。この円すいの体積は［オ］cm³です。ただし，円周率は3.14とします。

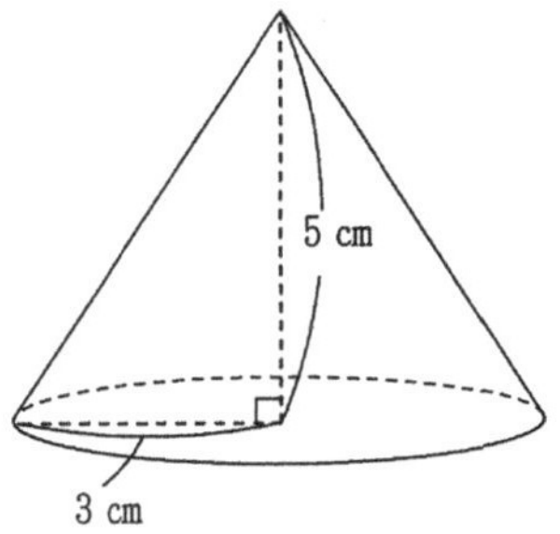

オ［　　　　］

4 右のグラフは，明誠中学校の生徒200人が住んでいる市町村別の生徒数の割合を表したものです。

このとき，次の(1)，(2)の問いに答えなさい。

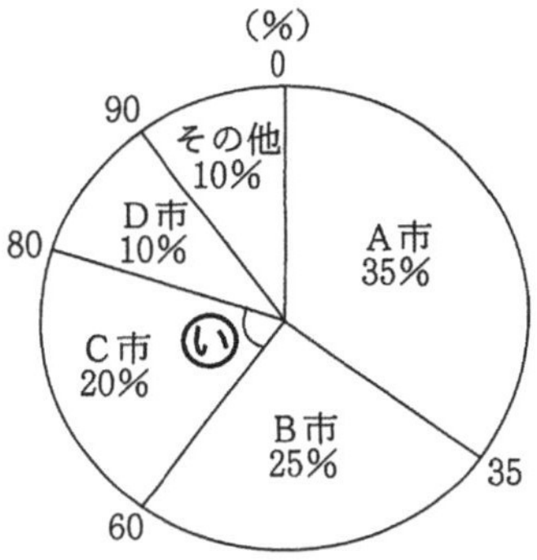

(1)　Ｂ市に住んでいる生徒数は，Ｄ市に住んでいる生徒数より何人多くなっていますか。その人数を求めなさい。

（求め方）

答［　　　　人］

(2)　円グラフの㋑の角の大きさを求めなさい。

（求め方）

答［　　　　°］

算　数（発 展）（40分）

（その１）

登録番号		氏名		得点	

（配点非公表）

（注意）解答は各設問の［　　］内に記入し，（求め方）と書かれているものは必ず明記しなさい。

1 次のような６枚のカードがあります。

$\frac{9}{2}$	1	$\frac{7}{3}$	$1\frac{1}{4}$	5	$\frac{3}{2}$

これらのカードを［　　］内の言葉にあてはめて「はい」か「いいえ」に分けていくと，下の図のようになります。

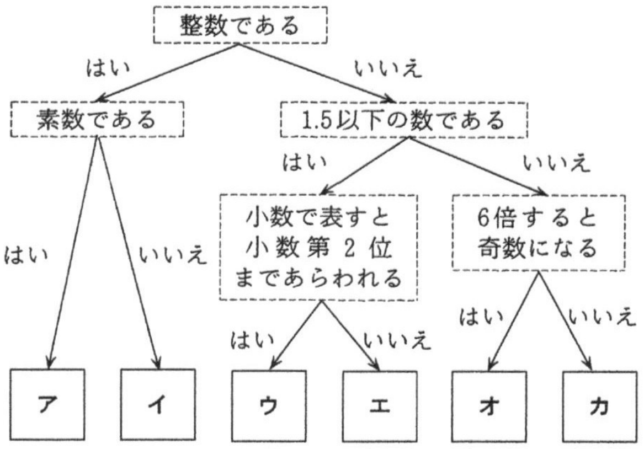

このとき，**ア**～**カ**にあてはまる数を答えなさい。

ア		イ		ウ	
エ		オ		カ	

2 ある整数で，89をわっても，101をわっても，あまりが５になります。このような整数のうち，いちばん小さい数を求めなさい。

（求め方）

答［　　　］

3 明誠中学校のあるクラスで，生徒の家から学校までの通学時間を調べたところ，右の表のようになりました。

このとき，(1)，(2)の問いに答えなさい。

番号	通学時間（分）	人数（人）
①	0 以上 ～ 10 未満	5
②	10 ～ 20	4
③	20 ～ 30	A
④	30 ～ 40	10
⑤	40 ～ 50	B
⑥	50 ～ 60	2
	合　計	30

(1)　０分以上20分未満の人数は全体の何％か求めなさい。

（求め方）

答［　　　　％］

(2)　通学時間が短い人から順に並《なら》べたとき，20番目の人は表の番号①～⑥のどの部分に入っている可能性《かのうせい》がありますか。あてはまる番号をすべて選び，それらを選んだ理由も答えなさい。

選んだ番号	
理　由	

算　数（発 展）

（その２）

登録番号		氏名	

（注意）解答は各設問の　　　内に記入し，（求め方）と書かれているものは必ず明記しなさい。

4　下の図は，２枚のフェンスの角の下に，長さ５ｍのつなで犬がつながれているようすを上から見た図です。２枚のフェンスの長さは３ｍと５ｍで，直角に交わっています。このとき，犬が動ける範囲《はんい》を　　　（斜線《しゃせん》）でぬりつぶしなさい。ただし，作図には定規やコンパスを使用し，作図に用いた線は消さずに残しておくこと。また，犬の大きさ，フェンスの厚《あつ》み，つなの太さは考えないものとし，犬はフェンスを飛びこえないものとします。

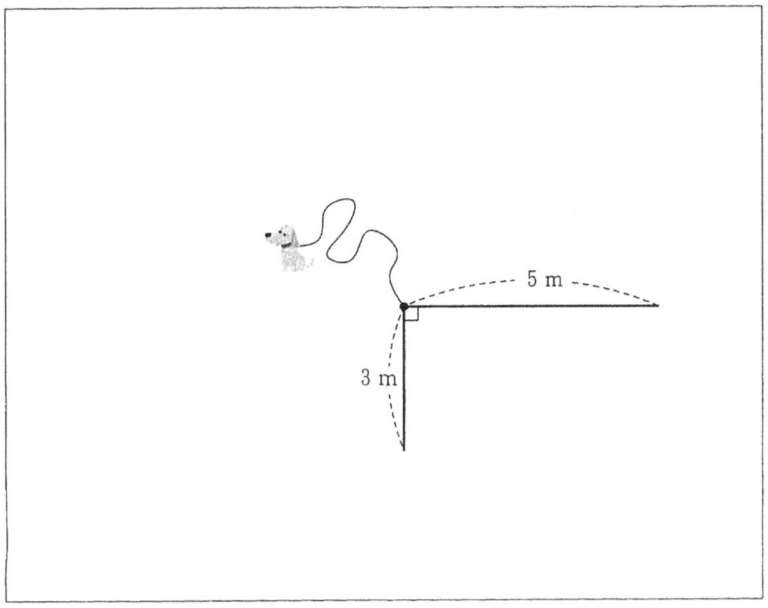

5　右の図のような台形ＡＢＣＤがあります。点Ｐは，点Ｂを出発して，秒速２cmで台形ＡＢＣＤの辺上を，点Ｃを通って点Ｄまで進みます。

このとき，次の(1)，(2)の問いに答えなさい。

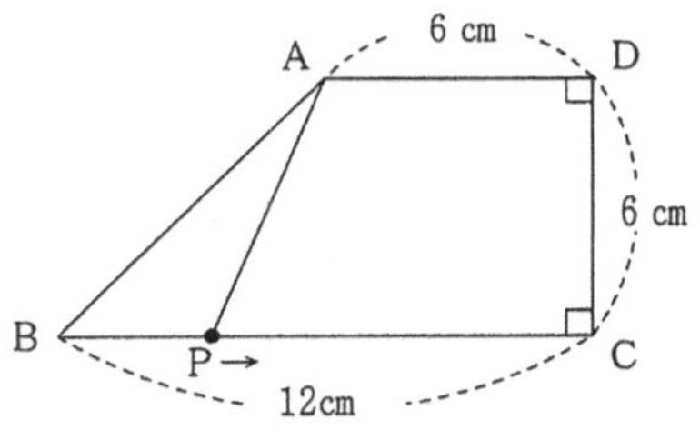

(1)　三角形ＡＢＰが直角三角形になるのは，点Ｐが点Ｂを出発してから何秒後と何秒後ですか。それぞれ求めなさい。

（求め方）

答　　　秒後と　　　秒後

(2)　点Ｐが点Ｂを出発してから７秒後にできる三角形ＡＢＰの面積を求めなさい。

（求め方）

答　　　cm²

6　右の図は，１辺の長さが１cmの立方体を積み重ねた立体です。

このとき，次の(1)，(2)の問いに答えなさい。

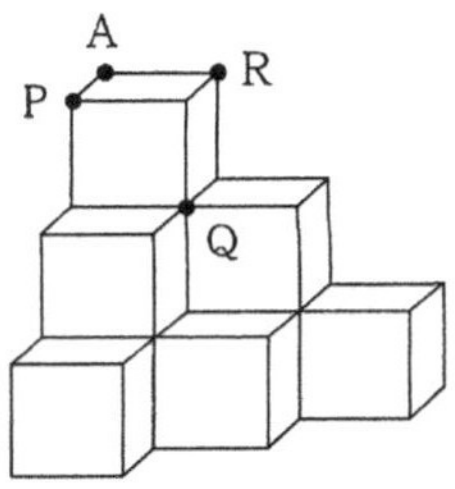

(1)　立体の表面積を求めなさい。

（求め方）

答　　　cm²

(2)　立体の１段目から３段目までを３点Ｐ，Ｑ，Ｒを通る平面で切ったとき，点Ａをふくむ方の立体の体積を求めなさい。

（求め方）

答　　　cm³

算　数（発展）

（その３）

登録番号		氏名	

（注意）解答は各設問の ☐ 内に記入し，（求め方）と書かれているものは必ず明記しなさい。

7　ある小学校で児童会の役員を２人選ぶことになり，A，B，C，D，E，Fの６人が立候補しました。全校児童は650人で，全員が１人１票ずつ６人のうちだれかに投票します。得票数の多い順に２名が当選することとします。

１回の投票で役員が順調に決まったとき，次の⑴，⑵の問いに答えなさい。

⑴　児童会の役員の選ばれ方は全部で何通りあるか求めなさい。

（求め方）

答　☐ 通り

⑵　児童会の役員に必ず当選するためには，最低何票必要ですか。その票数を求めなさい。

（求め方）

答　☐ 票

8　明さんの車は，時速60kmで走っているときは20kmあたり１Lのガソリンを消費し，時速40kmで走っているときは16kmあたり１Lのガソリンを消費します。

このとき，次の⑴，⑵の問いに答えなさい。

⑴　明さんの車が時速40kmで走ったとき，５Lのガソリンを消費しました。このとき，明さんの車が走った道のりを求めなさい。

（求め方）

答　☐ km

⑵　明さんは家から140kmはなれた場所まで車で行きました。はじめは時速60kmで走り，途中《とちゅう》から時速40kmで走ると，全体で２時間36分かかりました。このとき，消費したガソリンの量を求めなさい。

（求め方）

答　☐ L

令和四年度　藤枝明誠中学校　学力試験問題（一次試験）

国語

登録番号
氏　名
得　点

（配点非公表）

1
①
②
③
④
⑤
⑥
⑦
⑧
⑨
⑩

2
①　主語　述語
②　主語　述語
③　主語　述語
④　主語　述語
⑤　主語　述語

3
①
②
③
④
⑤

4
①
②
③
④
⑤

5
①
②
③
④
⑤

6
①
②
③
④
⑤

7
①
②
③

8
①
②
③
④
⑤

※ 9 10 の解答用紙は、裏《うら》面にあります。

9

10

問一

I

II

III

問二

問三

問四

50

問五

B

C

問六

問七

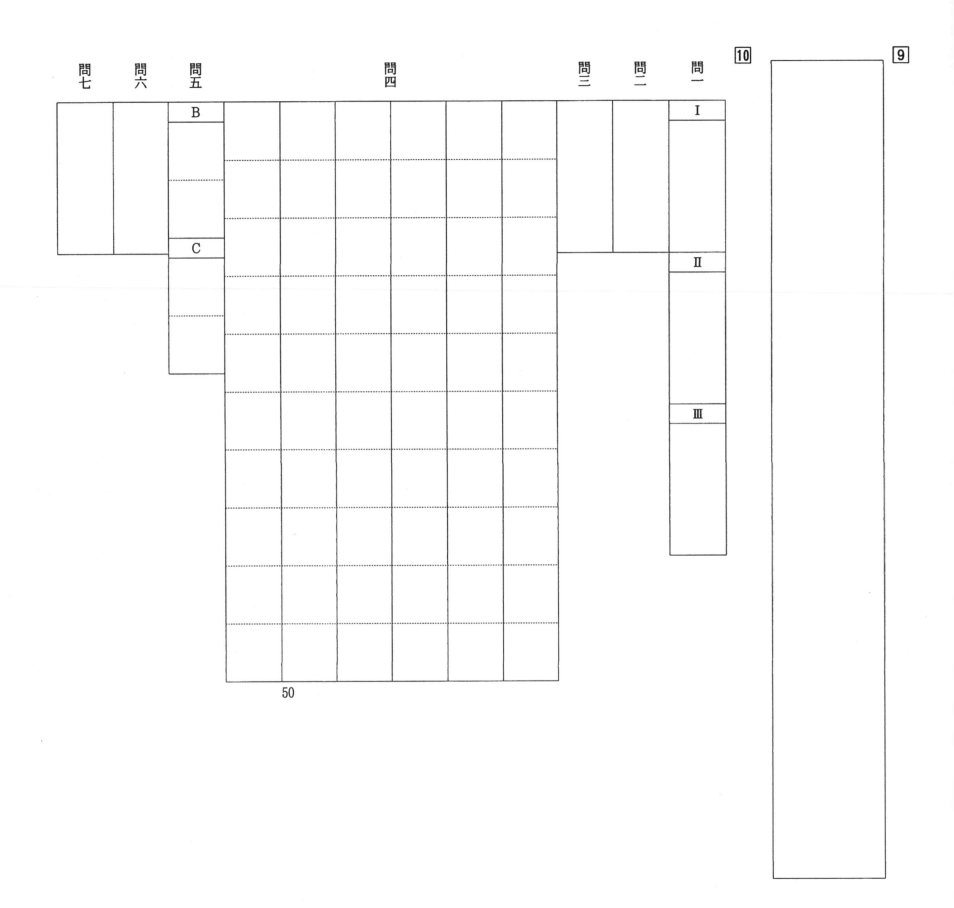

令和五年度　藤枝明誠中学校　学力試験問題　（一次試験）

国　語

（45分）

1　次の①～⑩の――線部について、漢字はひらがなに直し、カタカナは漢字に直しなさい。

① プロ野球がカイマクした
② タブレットのソウサ方法がわからない
③ 牛乳をレイゾウ庫に入れる
④ 車のテンケンをする
⑤ セイセキが向上する
⑥ 至急連絡をください
⑦ 母校を訪ねる
⑧ 社長に就任する
⑨ 線香を供える
⑩ 一点差で惜敗した

2　次の①～⑤の各文の「主語」と「述語」を、それぞれA～Eの中から選び、記号で答えなさい。ない場合は、「なし」と答えなさい。

① A私は　B暑い　Cサウナで　D過ごすのが　とても　E好きだ。
② A寝ていると、　B起きろと　C妹が　D僕に　E怒った。
③ A私たちは　Bみんなで　C協力して　Dカレーを　E作った。
④ A静岡に　Bいるからには　C食べたいよね　Dあの　絶妙な　味わいの　Eハンバーグが。
⑤ Aやっぱり　B田中さんの　C描く　D絵は　真の　E日本一だ。

3　次の①～⑤のそれぞれのグループには、他の言葉と種類の違うものが一つずつ混ざっています。その言葉を、(ア)～(オ)の中から一つ選び、記号で答えなさい。

① 〔(ア) 安い　(イ) かっこいい　(ウ) 強い　(エ) ひたい　(オ) ずるい〕
② 〔(ア) 投げる　(イ) 打つ　(ウ) 食べる　(エ) 走る　(オ) 遅く〕
③ 〔(ア) 学校　(イ) 建物　(ウ) 浴室　(エ) 藤枝　(オ) 食堂〕
④ 〔(ア) 帰られる　(イ) いただく　(ウ) おっしゃる　(エ) いらっしゃる　(オ) くださる〕
⑤ 〔(ア) さらに　(イ) だから　(ウ) でも　(エ) ああ　(オ) つまり〕

4　次の①～⑤の四字熟語の意味として適当なものを(ア)～(オ)の中から一つずつ選び、記号で答えなさい。

① 悪戦苦闘《あくせんくとう》　② 我田引水《がでんいんすい》　③ 言語道断《ごんごどうだん》　④ 奇想天外《きそうてんがい》　⑤ 意気投合《いきとうごう》

(ア) 自分に都合がよいように考えたりすること。
(イ) 互いの気持ちがぴったり合い、仲良くする様子。
(ウ) ふつう思いつかない変わった考え方。
(エ) 話にもならないこと。もってのほかのこと。
(オ) 強敵を相手に、苦しい戦いをすること。

5　次の①～⑤のことわざ・慣用句の（　）に当てはまる言葉を、(ア)～(コ)の中から一つずつ記号で選び、記号で答えなさい。同じ言葉は二度使えません。

① （　）の他人　② （　）をぬく　③ （　）をさす
④ （　）を入れる　⑤ （　）に命じる

(ア) 肝《きも》　(イ) 赤《あか》　(ウ) 味《あじ》　(エ) 上《うわ》　(オ) 顔《かお》
(カ) 群《ぐん》　(キ) 尻《しり》　(ク) 活《かっ》　(ケ) 口《くち》　(コ) 釘《くぎ》

6 次の①～⑤の各文の――線部の言葉はどの言葉にかかっていますか。記号で答えなさい。

① A今まで　手をぬかずに　Bこの　受験に　C向けて　D毎日の　勉強を　Eがんばってきた。
② Aずっと　Bがんばってきたから　今日くらいは　C美味しいものを　D食べに　E行こう。
③ 疲れが　Aどっと　Bたまっているが　気合いを　C入れて　D問題に　E取り組む。
④ あなたなら　A苦しいことが　Bあっても　Cきっと　D乗り越えられるから　Eがんばってね。
⑤ Aこれからの　Bお笑い界で　流行しそうな　ネタは　C間違いなく　D音楽を使った　Eリズム芸だ。

7 次の①～③の各文の〔　〕内に適切な言葉を入れなさい。

① せめて田中さん〔　〕助けてあげてください。
② たとえ君が打てなくて負け〔　〕、誰も責める人はいないだろう。
③ もしかしたら、電車が遅れる〔　〕。

8 次の①～⑤の各文の（　）に当てはまる言葉を、(ア)～(オ)の中から一つずつ選び記号で答えなさい。
同じ言葉は二度使えません。

① 強い雨が降ると知っていたにも関わらず、雨具（　）忘れてしまった。
② 今日は休日だし、どこ（　）行こうかな。
③ 絶対に負けられない試合がそこに（　）ある。
④ 近所（　）ピザ屋はとてもおいしいらしいよ。
⑤ この用紙はボールペン（　）記入してください。

(ア) を　(イ) の　(ウ) で　(エ) に　(オ) は

9 資料(1)は、ある中学生たちの一日の睡眠時間と平均の学習時間を示したグラフです。資料(2)は資料(1)の中学生がテストを受けた時の得点率です。二つの資料を照らし合わせて中学生Dと他の中学生三名を比べたときにわかることを一つ書きなさい。

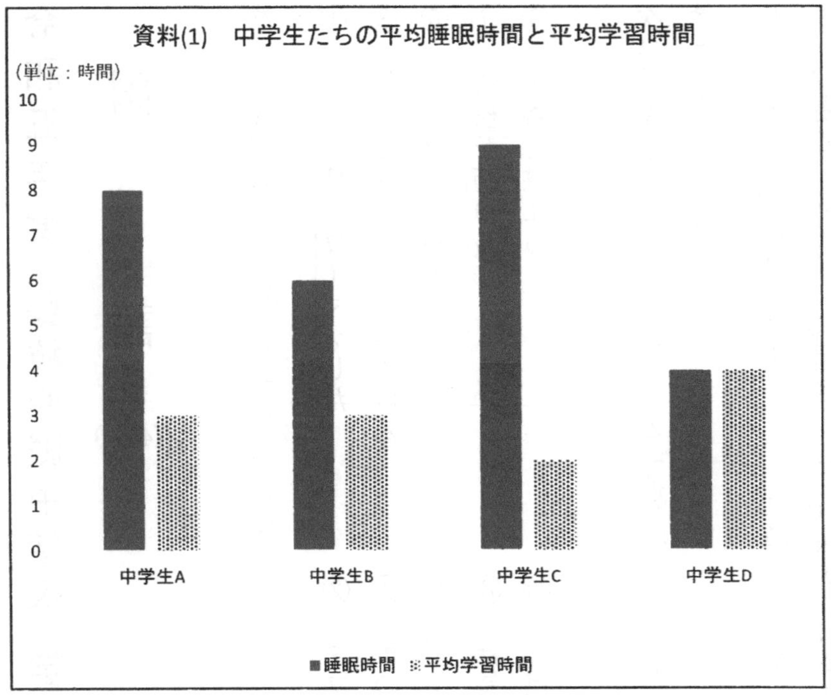

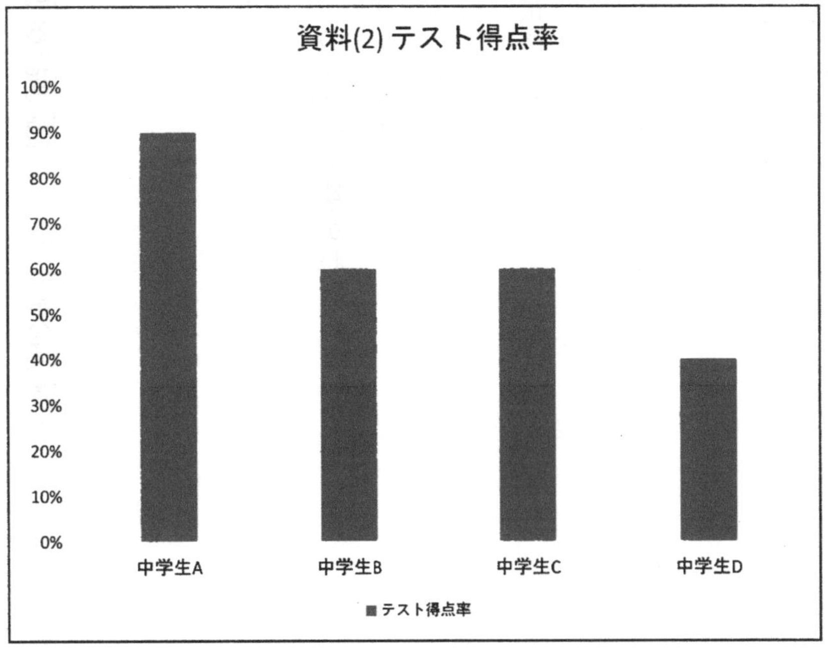

10 次の文章を読んで、あとの問いに答えなさい。

上野動物園に新設された①水族館は、注(1)オリンピックにあわせて開館したものの、4階建ての半分は［　］完成でした。当初の職員は開館の準備・運営のために採用された人員でしたから、工事が進行するにつれて実際の展示もはじまると、当然のことながら仕事量が増えていきます。［Ⅰ］、労働条件としてはかなりきびしいものでした、新しいことを〃ああだ、こうだ。こうすればうまくいくんじゃないか〃との試行錯誤《さくご》の連続です。前例がないだけに②失敗もあります。［Ⅱ］、現場の職員としては、こんなにおもしろいことはありません。もちろん、館長、係長、ときには園長の意向をうかがうのですが、かなり自由に実行させてくれました。

水族館の仕事は、採集にはじまります（次に飼育研究、展示という流れ）。しかも初めて開館する水族館ですから、どれだけ多彩な種類の生き物を採集してくるかは大きな課題です。私たちは数人で注(2)三浦半島や注(3)房総《ぼうそう》半島の磯《いそ》にかよいました。10月の開館にあわせて、厳冬期でも注(4)葉山《はやま》の磯で潜水《せんすい》採集をしたものです。［A］

冬に採集するというのは、確かに非常に寒いのでつらいですが、運んでくるには適しています。生き物が弱らないからです。こうした大変だなぁと思うところにも、③反対に好都合という面がひそんでいることに気づかされもした経験でした。

サカナやエビたちをとりすぎたという失敗談もあります。磯に出かけてサカナや貝たちをとることは、いわば「磯遊び」といっても良いくらいで、あまりに楽しく、「遊び心」旺盛《おうせい》な私たち注(5)トムソーヤーは、少しとりすぎてしまったのです。水族館にもちかえってみると、予備の水槽《すいそう》さえもいっぱいになってしまい、④途方《とほう》にくれることもありました。

私たちは、こうした苦労を経てコツコツと採集してきたサカナたちを、常設コーナーにすることにした3階のフロアに小型水槽で展示することにしました。準備を進めているなかで、予想していなかった幸運もありました。［B］

常設展示のフロアの階下である2階が休憩《きゅうけい》スペースになっていて、しかもそこにはかなり大きな空間が広がっている。一方、とりすぎてしまった結果のサカナたちが「予備水槽いっぱい」にいる。⑤この広い空間を、活用しない手はない！とみんなが考えはじめたのです。

いろいろな意見や案を出しあううちに、私のなかにひらめきが生まれました。高さが人の腰ぐらいまでの水槽にサカナたちを泳がせ、その背中にタッチすることができれば、子どもたちはかならず喜んでくれるはず。「磯遊び」の感覚です。さらにアイディアはふくらみます。「腰ぐらいまでの水槽」ではなく、小さな子どもでも安心して遊べる「プール」をつくればもっといい！

そう、いまでいう⑥「タッチプール」です。このころは、まだ日本ではおこなわれているところはありません。外国でもまだだったと思います。こうして1965年に、磯の生物にさわれる、畳《たたみ》2枚ほどの手づくりタッチプールで展示するコーナーが日本で初めて実現しました。［C］

〜中　略〜

タッチプールはいまでこそほとんどの水族館がそなえていますが、おそらく当時は、どの水族館でも同時発生的な人気の出しものだったにちがいありません。

私たちがつくったタッチプールは、三浦半島などで採集してきたハゼやカニ、イソギンチャクなどふつうの磯にいる生き物ばかりでしたが、興奮した子どもたちの鼻息が聞こえるほどの人気をはくしました。［D］

けれども、これで⑦直接生き物にふれる、さわることの大切さを子どもたちに注(6)会得《えとく》してもらえたと思っています。

（安部　義孝『トムソーヤーを育てる水族館』）

注(1)　オリンピック……………1964年に開催された東京オリンピックのこと。
(2)　三浦半島……………神奈川県にある半島。魚やカニなどが獲れる。
(3)　房総半島……………千葉県にある半島。魚やカニなどが獲れる。
(4)　葉山……………神奈川県の三浦半島にある町の名前。
(5)　トムソーヤー……………本文中で筆者が自分や自分の仲間を呼ぶときに使う表現。
(6)　会得……………物事の意味を十分理解して自分のものとすること。

問一 ――線部①「水族館」について

(1) 「水族館」の読みをひらがなで答えなさい。

(2) 「水族館」の仕事内容を本文中の言葉を使って書きなさい。

問二 本文に「□完成」とありますが、□に漢字を一字入れ、熟語を完成させなさい。

問三 [Ⅰ] [Ⅱ] に入る語を次の中から一つ選び、記号で答えなさい。

(ア) でも　(イ) だから　(ウ) たとえば　(エ) また　(オ) しかも

問四 本文中には次の一文がぬけています。この一文が入る適切な箇所を、本文中の[A]～[D]から一つ選び、記号で答えなさい。

子どもたちが夢中でさわるあまり、カニの足がもげたり、ウニでキャッチボールをしたりするなど、私たち係員がいないと大変なことになる状況までにぎわいました。

問五 ――線部②「失敗もあります」とありますが、筆者は具体的にどのような失敗をしたのですか。説明しなさい。

問六 ――線部③「反対に好都合という面がひそんでいる」とありますが、好都合なのはどのようなことですか。説明しなさい。

問七 ――線部④「途方にくれる」の意味として適切なものを次の中から一つ選び、記号で答えなさい。

(ア) 急に自分が今いる居場所がわからなくなること。

(イ) 手立てを考えているうちに時間が過ぎてしまうこと。

(ウ) どうしたらよいかわからなくなること。

(エ) 手に入れたものすべてを捨ててしまうこと。

問八 ――線部⑤「この広い空間」とありますが、それはどこのことですか。解答欄に合うように書きなさい。

問九 ――線部⑥「タッチプール」とありますが、本文中での「タッチプール」とはどのようなものですか。三十字以上四十字以内で説明しなさい。

問十 ――線部⑦「直接生き物にふれる～と思っています」とありますが、生き物にふれることとの大切さとはどのようなことだと思いますか。あなたの考えを八十字程度で書きなさい。

令和５年度　藤枝明誠中学校　学力試験問題（一次試験）

算　数（基礎）

(20分)

（その１）

登録番号		氏名		得点	

（注意）解答は各設問の［　　］内に記入し，（計算），（求め方）と書かれているものは必ず明記しなさい。

※発展と合わせて150点満点
（配点非公表）

1 次の(1)～(4)を計算しなさい。

(1) $11 - 48 \div 8 + 12 \times 5$

（計算）

答 ［　　］

(2) $72.8 - 5.94$

（計算）

答 ［　　］

(3) $2023 \times 0.07 + 202.3 \times \frac{1}{2} - 20.23 \times 2$

（計算）

答 ［　　］

(4) $3.56 \div 1.2$（商を小数第１位まで求め，あまりを出しなさい）

（計算）

答 ［商　　　あまり　　］

2 次の(1)～(3)を計算しなさい。

(1) $1 + \frac{1}{2} + \frac{1}{3} + \frac{1}{4} + \frac{1}{5}$

（計算）

答 ［　　］

(2) $0.25 \div \frac{7}{8} \times 4\frac{2}{3}$

（計算）

答 ［　　］

(3) $\frac{2}{25} \div \left(\frac{4}{5} - \frac{3}{4}\right) - 1\frac{1}{3}$

（計算）

答 ［　　］

令和5年度　藤枝明誠中学校　学力試験問題（一次試験）

算　数（基礎）

（その２）

登録番号		氏名	

（注意）解答は各設問の［　　］内に記入し，（計算），（求め方）と書かれているものは必ず明記しなさい。

3 次の［ア］～［オ］に当てはまるものを答えなさい。

(1)　42と63の最小公倍数は［ア］です。

ア［　　　　］

(2)　$\frac{3}{7}$ を小数で表したとき，小数第50位の数は［イ］です。

イ［　　　　］

(3)　藤枝明誠中学校の全校生徒210人のうち，４割が女子生徒で，そのうち75％が自転車通学です。自転車通学をしていない女子生徒は［ウ］人です。

ウ［　　　　］

(4)　右の図は，２種類の三角定規を組み合わせたものです。このとき，Ⓐの角の大きさは［エ］°です。

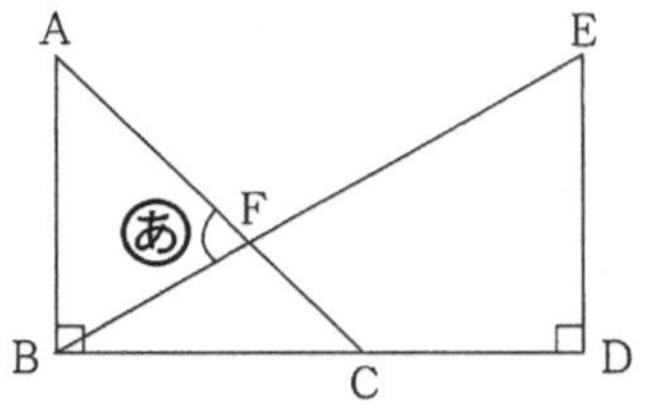

エ［　　　　］

(5)　Aさん，Bさん，Cさん，Dさんの４人は，全員が異なる部活動に所属しています。４人はテニス部，吹奏楽《すいそうがく》部《ぶ》，野球部，バスケットボール部のいずれかに所属しており，次の①～③のことがわかっています。

① Aさんは，吹奏楽部と野球部には所属していません。
② Dさんは，吹奏楽部に所属していません。
③ Bさんは，バスケットボール部に所属しています。

このとき，野球部に所属しているのは［オ］さんです。

（求め方）

オ［　　　　］

4 右の表は，誠さんのクラス全員の身長を調べたものです。これについて，次の(1)，(2)の問いに答えなさい。

身　長（cm）	人数（人）
130 以上 ～ 140 未満	2
140 ～ 150	5
150 ～ 160	12
160 ～ 170	10
170 ～ 180	7
180 ～ 190	4
合　計	40

(1)　低い方から数えて20番目の人が入っている範囲《はんい》を求めなさい。

答［　　　　cm以上　　　　cm未満］

(2)　表をもとに，下のア～ウの算数の問題をつくりました。しかし，この問題の中には正しい答えを求められるものが１つしかありません。それを記号で選び，その問題の答えを求めなさい。

ア　一番高い人と一番低い人との身長の差は何cmですか。
イ　身長が150cm以上180cm未満の人は全体の何％ですか。
ウ　身長が181cmの順さんは高い方から数えて何番目ですか。

（求め方）

記号	
答	

令和５年度　藤枝明誠中学校　学力試験問題（一次試験）

算　数（発展）　(40分)

（その１）

登録番号		氏名		得点	

※基礎と合わせて150点満点
（配点非公表）

（注意）解答は各設問の□内に記入し，（求め方）と書かれているものは必ず明記しなさい。

1　１から４までの数字を１つずつ書いた４枚のカード1，2，3，4があります。この４枚のカードから異なる２枚のカードを取り出して２けたの数をつくります。このとき，次の(1)，(2)の問いに答えなさい。

(1)　２けたの数は何通りつくることができるか求めなさい。

（求め方）

答　　　　通り

(2)　(1)で求めた２けたの数の中から６つの数を選び，これらを下の図の**スタート**から始めて，条件にあてはめて「はい」か「いいえ」に分けていくと，下の図のようになりました。

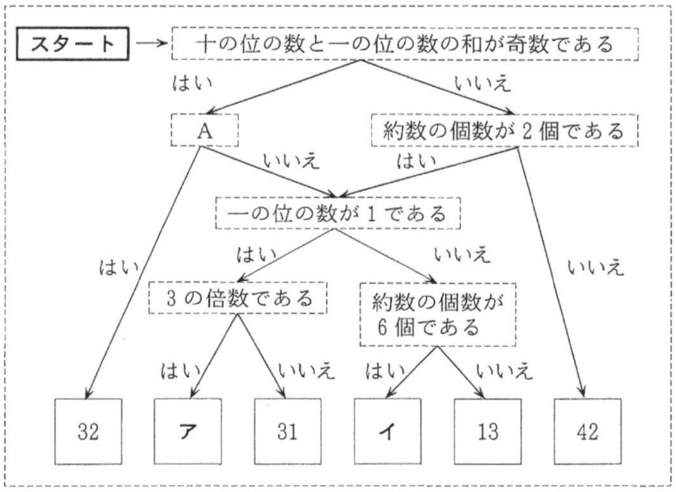

このとき，図のAに当てはまる条件を，次の**あ**～**お**の中から１つ選び，記号で答えなさい。また，図の**ア**，**イ**に当てはまる数を答えなさい。

あ　奇数である
い　偶数である
う　40以下の数である
え　１種類の数を何回かかけ合わせてできる数である
お　40より大きい数である

答

A	
ア	
イ	

2　右の図のような半径２cmの円が，縦８cm，横10cmの長方形の周にそって転がって１周するとき，次の(1)，(2)の問いに答えなさい。ただし，円周率は3.14とします。

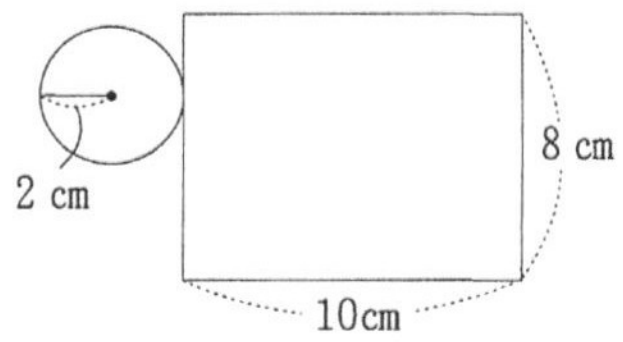

(1)　円の中心がえがく線をかきなさい。ただし，作図には定規やコンパスを使用しなさい。

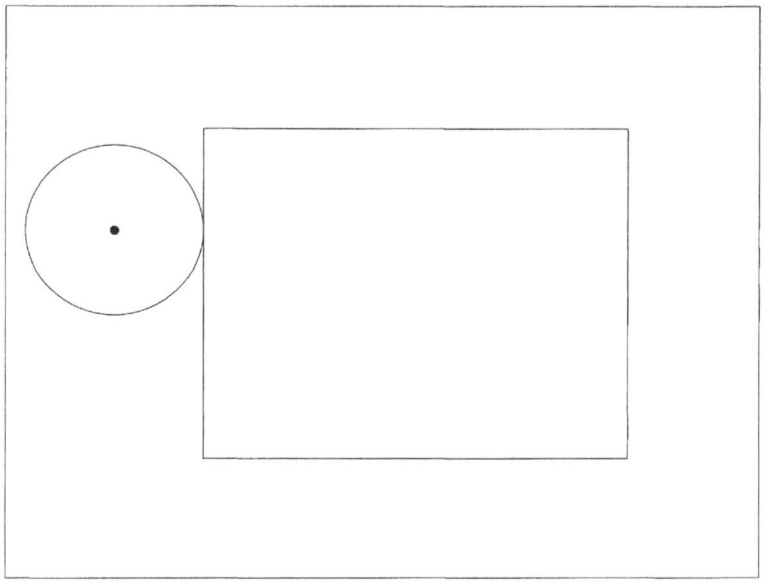

(2)　(1)でえがいた線の長さを求めなさい。

（求め方）

答　　　　cm

(3)　(1)でえがいた線と長方形の辺で囲まれた部分の面積を求めなさい。

（求め方）

答　　　　cm²

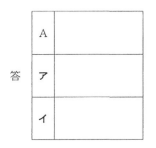

令和５年度　藤枝明誠中学校　学力試験問題（一次試験）

算　数（発展）

（その２）

登録番号		氏名	

（注意）解答は各設問の□内に記入し，（求め方）と書かれているものは必ず明記しなさい。

3　半径２cmの円を底面とする円柱を，右の図のように切り口が平らになるように切断しました。このとき，底面から一番高いところの高さが８cmとなりました。この立体の体積が87.92cm^{3}であるとき，次の(1)，(2)の問いに答えなさい。ただし，円周率は3.14とします。

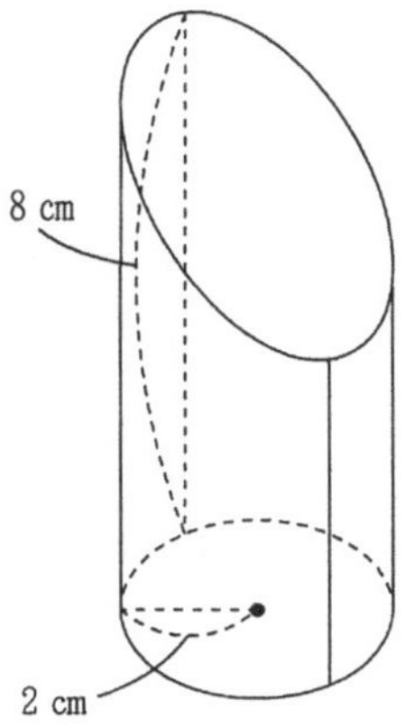

(1)　底面から一番低いところの高さを求めなさい。

（求め方）

答 [　　　　] cm

(2)　切り口の面積が15.02cm^{2}のとき，立体の表面積を求めなさい。

（求め方）

答 [　　　　] cm^2

4　Ａさんは10時ちょうどに自転車で家を出発し，時速12kmでＢさんの家に向けて走り始めました。出発して20分が経ったとき，Ａさんは自転車を停めて公園で10分休けいしました。その後，Ａさんは時速15kmでＢさんの家まで走り，10時40分に着きました。このとき，次の(1)～(3)の問いに答えなさい。

(1)　Ａさんの家から公園までの道のりを求めなさい。

（求め方）

答 [　　　　] km

(2)　Ａさんの家からＢさんの家までの道のりを求めなさい。

（求め方）

答 [　　　　] km

(3)　Ｂさんは10時25分に自転車で家を出発し，Ａさんをむかえに行きました。Ｂさんが時速7.5kmで向かうとき，２人は何時何分に出会うか求めなさい。ただし，２人は同じ道を通ることとします。

（求め方）

答 [　　時　　分]

算　数（発展）

（その３）

登録番号		氏名	

（注意）解答は各設問の［　　］内に記入し，（求め方）と書かれているものは必ず明記しなさい。

5 次の誠さんと先生の会話文を読んで，あとの(1)〜(3)の問いに答えなさい。

誠さん：先生！　先生の誕生日を教えてください。
先　生：ふむ。では，これからヒントをあげるので推理してみてください。
誠さん：わかりました。
先　生：１つ目のヒントです。月と日にちをたすと40になります。さすがに，まだわかりませんね。
誠さん：はい。でも，かなりしぼれましたよ！
［ア］のどれかですよね。
先　生：おっと！　９月は30日までしかありませんよ。
誠さん：あっ，そうか。うっかりしていました。
先　生：31日まである月は，７月と８月，12月と１月以外はすべて１つ飛ばしになっていると覚えておくといいですね。
誠さん：なるほど！
先　生：では，２つ目のヒントです。直近の誕生日はちょうど火曜日でした。
誠さん：今は１月だから，どれも過ぎているんですね。
先　生：はい，残念ながらお祝いしてもらうためには少しおそかったですね。
誠さん：でも，おかげさまで先生の誕生日がわかりました。今年はお祝いしますね！

(1)　会話文中の［ア］には，誠さんが答えた日付が入ります。入る日付がいくつあるか求めなさい。

答［　　　　つ］

(2)　31日まである月をすべて答えなさい。

答［　　　　］

(3)　この２人の会話は2023年１月にされたものです。１月７日を土曜日として，先生の誕生日を求めなさい。
（求め方）

答［　　月　　日］

令和五年度　藤枝明誠中学校　学力試験問題（一次試験）

国語

登録番号
氏　名
得　点

※100点満点
（配点非公表）

1

①
②
③
④
⑤
⑥
⑦
⑧
⑨
⑩

2

① 主語 述語
② 主語 述語
③ 主語 述語
④ 主語 述語
⑤ 主語 述語

3

①
②
③
④
⑤

4

①
②
③
④
⑤

5

①
②
③
④
⑤

6

①
②
③
④
⑤

7

①
②
③

8

①
②
③
④
⑤

9

※ 10（説明文）の解答用紙は、裏《うら》面にあります。

10

問一
(1)
(2)

問二

問三
I
II

問四

問五

問六

問七

問八
階の

問九
30字

問十
80字

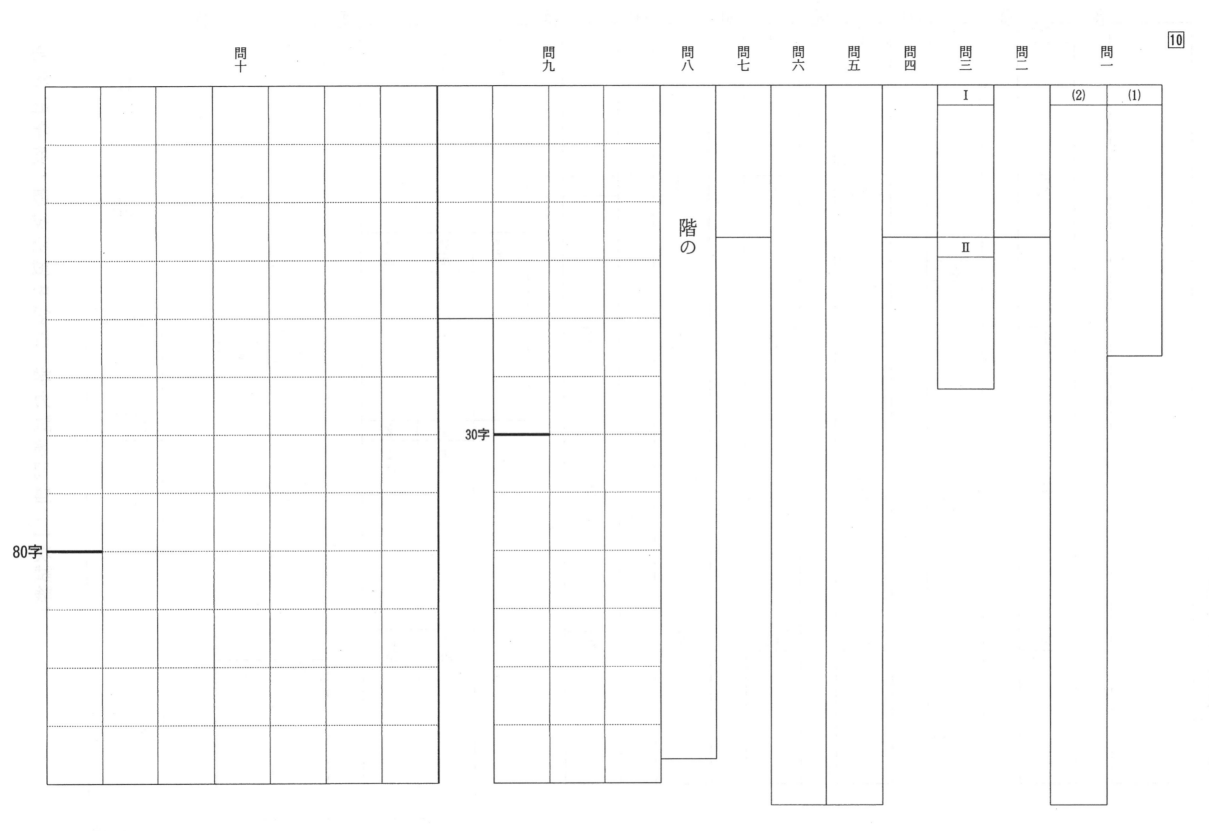

令和六年度　藤枝明誠中学校　学力試験問題　（一次試験）

国　語

（45分）

1　次の①～⑩の――線部について、漢字はひらがなに直し、カタカナは漢字に直しなさい。

① ハイケイを描く。
② 洗濯物をホす。
③ リッパな行動。
④ セイヨウの文化を学ぶ。
⑤ 勉学にツトめる。
⑥ 人生の門出を祝う。
⑦ 天然の資源。
⑧ 受付を設ける。
⑨ 念仏を唱える。
⑩ ボタンを留める。

2　次の①～⑤について、主語と述語を、A～Eの中から一つずつ選び、記号で答えなさい。ない場合は、「なし」と答えなさい。

① Aこの　Bコートは　半年前に　C海外から　輸入した　D高級な　Eものだ。
② A北海道から　B引っ越してきた　隣の　クラスの　担任の　C先生は　庭で　Dバジルを　E育てている。
③ Aまぁ、　こんなに　便利な　B機能が　Cあるなんて　Dすごいね、　最新の　Eスマートフォンは。
④ Aスーツケースは　Bあなたより　C一足　D先に　E空港へ。
⑤ A昨日、　B友達と　店で　ドーナツを　C食べた後、　D映画を　E見に行った。

3　次の①～⑤には、他の言葉と種類の違うものが混ざっています。その言葉を、A～Eの中から一つずつ選び、記号で答えなさい。

①〔A　片思い　　B　面白い　　C　難しい　　D　欲しい　　E　新しい〕
②〔A　お目にかかる　　B　拝見する　　C　おっしゃる　　D　うかがう　　E　いただく〕
③〔A　歩く　　B　除く　　C　叩く　　D　浮く　　E　古く〕
④〔A　ファイル　　B　シート　　C　ハガキ　　D　ペン　　E　ケース〕
⑤〔A　きれいだ　　B　理想だ　　C　便利だ　　D　幸せだ　　E　積極的だ〕

4　次の①～⑤の四字熟語の意味として適切なものを、ア～カの中から一つずつ選び、記号で答えなさい。

① 危機一髪《ききいっぱつ》　② 開口一番《かいこういちばん》　③ 一触即発《いっしょくそくはつ》　④ 一日千秋《いちにちせんしゅう》　⑤ 一念発起《いちねんほっき》

ア　話し始めてすぐにということ。
イ　固く結束し、一つのことに集中すること。
ウ　待ち遠しくて一日が長く感じること。
エ　何かを達成する決意をかためること。
オ　一つ間違えれば大変なことになる危険な状態のこと。
カ　少しのきっかけで大事件に発展しそうな状態のこと。

5 次の①～⑤の文に使われていることわざ・慣用句の（　）に当てはまる言葉を、A～Iの中から一つずつ選び、記号で答えなさい。

① 私たちの未来について（　）写真を描く。
② あの人とは（　）の他人です。
③ 発表会の主役として、彼に（　）羽の矢が立った。
④ 雪が降って、あたり一面が（　）世界になった。
⑤ スタンドからチアリーダーの（　）色い声援が聞こえる。

A 金	B 銀	C 銅	D 青	E 赤	F 緑	G 黄	H 白	I 黒

6 次の①～⑤について、——線部の言葉がかかる言葉を、A～Eの中から一つずつ選び、記号で答えなさい。

① 私は　A昨日　B家族と　静岡県内で　とても　C有名な　Dレストランへ　E行った。
② 朝から　A開催してきた　この　B音楽祭も　Cこの後　いよいよ　D最後の　出演者が　E登場します。
③ A来年の　二月は　どうか　B私と　C一緒に　Dボランティアスタッフとして　アフリカに　E行ってください。
④ 今年の　A修学旅行で　B最も　楽しんでいたのは　C間違いなく　二組の　D担任の　E増田先生だ。
⑤ Aぼくは　絶対に　B登りきると　C決めたのだ　D日本一　E高い山　富士山を。

7 次の①～⑤の（　）に入る言葉として、最も適切なものを、ア～カの中から一つずつ選び、記号で答えなさい。ただし、同じ言葉は二度使えません。

私は旅行が好きだ。（　①　）、人と会話をすることが好きだ。（　②　）私は旅行先でたくさんの現地の人と関わるようにしている。（　③　）、近年は人と距離をとらなければいけなくなった。（　④　）、新型コロナウィルス感染症が世界的に流行したからだ。旅行に行くことが難しくなり、親しくない人と会話をすることができない日々は私にとって気分が沈みがちだった。（　⑤　）、ゆううつだったのだ。

ア しかし	イ そのうえ	ウ または	エ なぜなら	オ だから	カ つまり

8 次の①～③の——線部と同じ使われ方のものをそれぞれア～ウの中から一つずつ選び、記号で答えなさい。

① 運動もするが、勉強もする。
ア 十月になったが、まだ暑い。
イ 何者かが、私の机に座ったようだ。
ウ うちには猫もいるが、鳥もいる。

② 外国人に道を聞かれる。
ア 電車の中で、足を踏まれる。
イ このぶどうは皮も食べられる。
ウ アメリカの大統領が来日される。

③ 生まれてから、ずっと東京に住んでいる。
ア 宿題が済んだから友達と遊ぼう。
イ 3ページから5ページまで読んできてください。
ウ 失敗は油断から起こる。

9 藤枝明誠中学校生徒会は、自分たちの学校の魅力を伝えるためにイベントを開くことにしました。【資料1】はイベントのチラシ、【資料2】は選択活動それぞれの参加人数のグラフです。あとの問いに答えなさい。

【資料1】

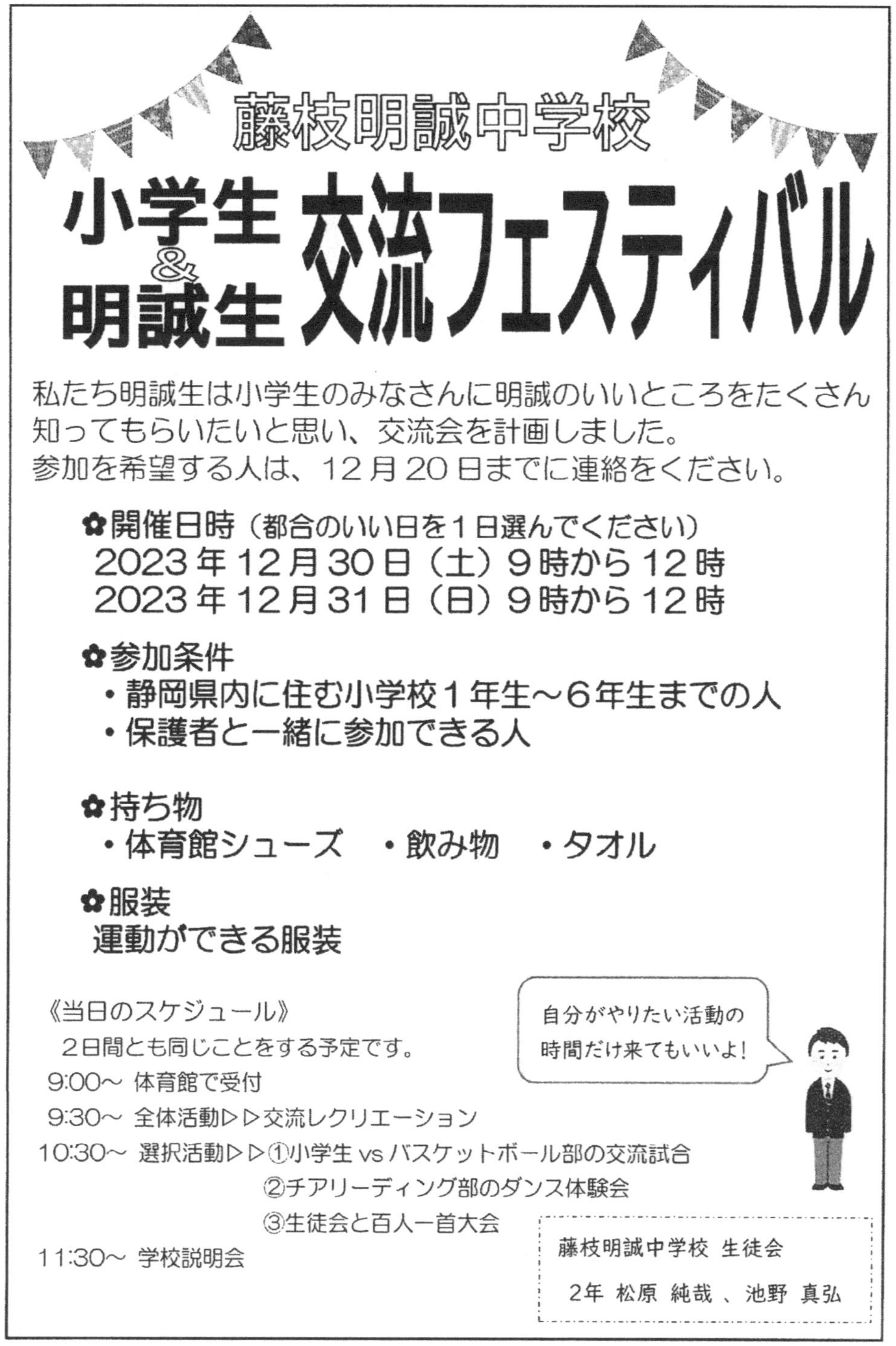

藤枝明誠中学校
小学生&明誠生
交流フェスティバル
私たち明誠生は小学生のみなさんに明誠のいいところをたくさん知ってもらいたいと思い、交流会を計画しました。
参加を希望する人は、12月20日までに連絡をください。
✿開催日時（都合のいい日を1日選んでください）
2023年12月30日（土）9時から12時
2023年12月31日（日）9時から12時
✿参加条件
・静岡県内に住む小学校1年生～6年生までの人
・保護者と一緒に参加できる人
✿持ち物
・体育館シューズ　・飲み物　・タオル
✿服装
運動ができる服装
《当日のスケジュール》
2日間とも同じことをする予定です。
9:00～ 体育館で受付
9:30～ 全体活動▷▷交流レクリエーション
10:30～ 選択活動▷▷①小学生 vs バスケットボール部の交流試合
②チアリーディング部のダンス体験会
③生徒会と百人一首大会
11:30～ 学校説明会

2年 松原 純哉 、池野 真弘

【資料2】

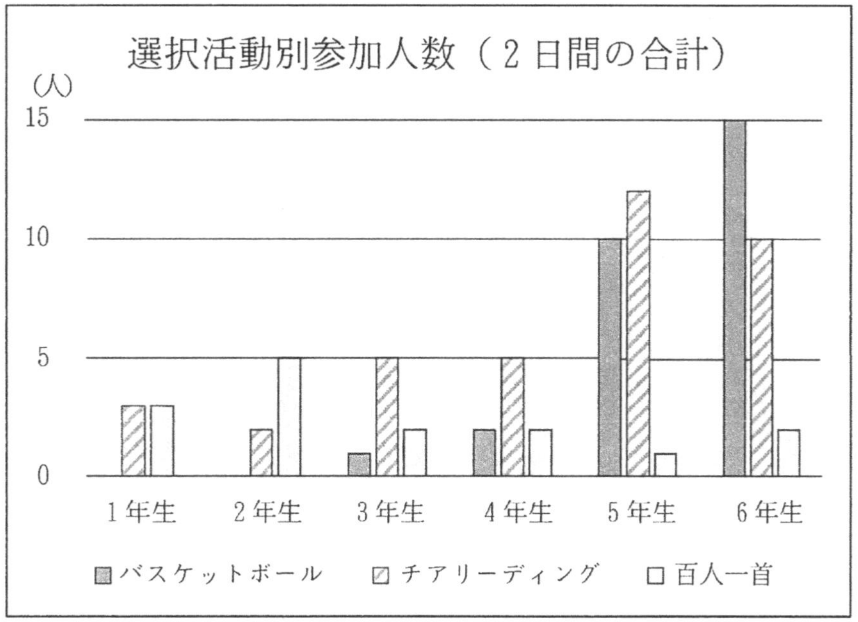

問一　イベント当日は小学生があまり集まりませんでした。【資料1】を見て、考えられる理由とその具体的解決策を一つ書きなさい。

問二　選択活動の参加人数について、【資料2】からわかる特徴を一つ挙げた上で、そのようになった理由を簡潔に書きなさい。その際、二つの資料を照らし合わせて考えて書きなさい。

10 次の文章を読んで、あとの問いに答えなさい。

勉強というと、どうしても上から押しつけて無理矢理やらせるというイメージがつきまといます。「勉強」という漢字は「強《し》いて勉《つと》める」ですから、「勉強しなさい」と言われると反発心注(1)が先に立って勉強したくなくなるのかもしれません。

［A］

実際には勉強も学びも意味は同じです。どちらにせよ、やはり上から押しつけてやらせるのはよくないやり方です。子どもは何か一つ、「あっ、これはおもしろいな」と思えるものをうまく見つけることができたら、放っておいても①自発的に勉強を始めます。

この点は大学生も社会人も同じです。［Ⅰ］テレビ局の企画会議で、プロデューサーが上から「これをやれ！」と押しつけ気味に指示すると、言われたディレクターは、もちろん仕事だからやりますが、あまり気乗りがしないものです。ところが、自分で練った提案が会議で通ったときは、徹夜《てつや》してでも何をしてでも、とにかくいいものに仕上げようと全力で取り組みます。取り組む姿勢も熱意も全然違います。

［Ⅱ］、子どもでも大人でも、ちょっとでも好きになれば、あるいは「これおもしろいな」と思えるものが一つでもあれば、あとは自分からやるのです。

勉強に対する意欲の引き出し方は年齢とは関係ありません。子どもも大人も同じです。上からの押しつけが逆効果になることは、はっきりしています。おもしろければ自分から進んでやるし、つまらなければやらないか、やってもほどほどで終わってしまう。これが人間の習性です。［B］

［Ⅲ］、同じ勉強といっても、高校生までの勉強と大学生の勉強とでは、質的に②大きな違いがあります。後で詳しくお話ししますが、高校までの学校教育と大学教育とでは、制度そのものが根本から異なるのです。高校までの授業がどちらかといえば受け身的なのに対し、大学の授業は頻繁《ひんぱん》注(2)にレポートを提出したり、ゼミに入って論文を書いたりと、より主体的な態度が求められます。そこで、そもそも大学で学ぶとはどういうことなのか、その点について考えてみましょう。

大学生になったということは、社会人になる一歩手前、社会の入り口に立ったということです。となると、必然的に世の中のさまざまな物の見方が変わってくるし、また変わってこなければならないのです。

〜中略〜

では、生徒と学生では何が違うのか。

小学生は「児童」です。まだ③子どもであり、大人がちゃんと保護しなければいけない対象です。中学・高校は「生徒」と言うのがふさわしい。先生からさまざまなことを教わる立場なので生徒と呼んでいます。

〜中略〜

大学における「学生」とは、自ら学んでいく生き方をする人間のことです。［C］

④学生は、文部科学省注(3)検定注(4)済みの教科書ではなく、検定されていない教科書を使います。検定されていないとは何を意味するかわかりますか。

講義で使われるさまざまなテキストには、どれも著者がいます。特定の著者の考え方に基づいてテキストは書かれています。その内容が、関係する学界の主流の考えに沿っているかどうか、実はわかりません。学界の主流ではなく、反主流の先生の本という可能性もあります。学界の中で少数派の先生の主張が書かれた本かもしれないということです。

ところが、いずれ何十年かたったとき、それが全体の主流になることがあります。「あっ、あの先生の言ってることでよかったんだ」ということになるかもしれない。逆に、当時は主流だったけれども、次第に学者たちから支持されなくなって、後になってから「間違いだった」「いまでは通用しない」といったことになることも起こりえます。

大学とはそういうところです。授業で習うことがすべて正しいと思い込んだら大間違いです。一生懸命勉強したのに実は間違いでしたということが、後から起きるかもしれない。あの時勉強したことは一体なんだったのかということになりますね。

大学で学ぶときは、⑤このスリルとサスペンスがたまらなく楽しいのです。

（池上　彰『なんのために学ぶのか』SB新書による）

注(1)　反発心……反抗して相手を受け付けない気持ちをもつこと。
注(2)　頻繁……ひっきりなしに行われること。
注(3)　文部科学省……教育やスポーツ・文化などを発展させていくための機関。
注(4)　検定……この場合、民間で著作・編集された図書について、文部科学大臣が適切であるかを審査すること。

問一 ――線部①「自発的」について

(1) 「自発的」と似た意味を持つ語を本文中から三字で抜き出しなさい。

(2) 「自発的」の対義語に当たる語を次の中から一つ選び、記号で答えなさい。

ア 計画的　イ 受動的　ウ 突発的　エ 必然的

問二 Ⅰ Ⅱ Ⅲ に入る語を次の中から一つ選び、記号で答えなさい。

ア しかし　イ なぜなら　ウ また　エ したがって　オ 要するに　カ たとえば

問三 本文中には次の一文がぬけています。この一文が入る適切な箇所を、本文中の A ～ C から一つ選び、記号で答えなさい。

「学び」という言葉のほうがずっとスマートですが、どういうわけか「学びなさい」とはあまり言わないようですね。

問四 ――線部②「大きな違い」とありますが、具体的にどのような違いがありますか。説明しなさい。

問五 ――線部③「さまざまなことを教わる」とありますが、中学校入学以降どのようなことを教わると予想されますか。あなたの考えを文にして二つ答えなさい。

問六 ――線部④「学生は、文部科学省検定済みの教科書ではなく、検定されていない教科書を使います」とありますが、これによって学生に起こりうることはどのようなことですか。本文の内容に合うものを次の中から一つ選び、記号で答えなさい。

ア 特定の著者の考え方に基づいてテキストが書かれるため、学界の主流ではない学びが学生にもたらされるかもしれないということ。

イ 検定されていない教科書を使うことで、学生の考えが枠にはまらなくなる可能性があること。

ウ 形にとらわれない自由な考え方が生まれ、「正解はない」という考え方がもたらされるかもしれないということ。

エ 教科書に沿った考え方がなくなり、一つの物事に対し、色々な角度から観察・研究できるようになるかもしれないということ。

問七 ――線部⑤「このスリルとサスペンスがたまらなく楽しい」とありますが、この場合のスリルとサスペンスとは、どのようなことであると言えますか。本文中の言葉を使って書きなさい。

※スリルとは「ハラハラするような緊張感」、サスペンスとは「不安に思う気持ち」という意味です。

算　数（基礎）（20分）

（その１）

登録番号		氏名		得点	

（配点非公表）

（注意）解答は各設問の［　　］内に記入し，（計算），（求め方）と書かれているものは必ず明記しなさい。

1 次の(1)〜(4)を計算しなさい。

(1)　$36 \div (16 - 4 \times 3)$

（計算）

答［　　］

(2)　$11.2 - 3.84$

（計算）

答［　　］

(3)　$40 \times 57 + 40 \times 43$

（計算）

答［　　］

(4)　$40.9 \div 1.7$（商を整数で求め，あまりも出しなさい。）

（計算）

答　商［　　］　あまり［　　］

2 次の(1)〜(4)を計算しなさい。

(1)　$2\frac{1}{10} \div \left(\frac{6}{5} - \frac{3}{4}\right)$

（計算）

答［　　］

(2)　$6 \div \frac{2}{3} - 0.75 \times 8$

（計算）

答［　　］

(3)　$\frac{1}{1 \times 2} + \frac{1}{2 \times 3} + \frac{1}{3 \times 4}$

（計算）

答［　　］

(4)　$11 - \left(5 - 1\frac{2}{5}\right) \div 0.8$

（計算）

答［　　］

算　数（基礎）

（その２）

登録番号		氏名	

（注意）解答は各設問の［　　］内に記入し，（計算），（求め方）と書かれているものは必ず明記しなさい。

3 次の［ア］～［オ］に当てはまる数を答えなさい。

(1)　６と８の公倍数のうち，2けたで最も大きい数は［ア］です。

ア［　　　］

(2)　あるスポーツイベントに1200人の観客が来場しました。観客の20％がバレーボールの試合を見ており，バレーボールの試合を見ていない観客のうち40％がテニスの試合を見ています。テニスの試合を見ている観客数は［イ］人です。

イ［　　　］

(3)　面積が314㎠である円の中に，正方形がぴったりと入っています。この正方形の面積は［ウ］㎠です。

ただし，円周率は3.14とします。

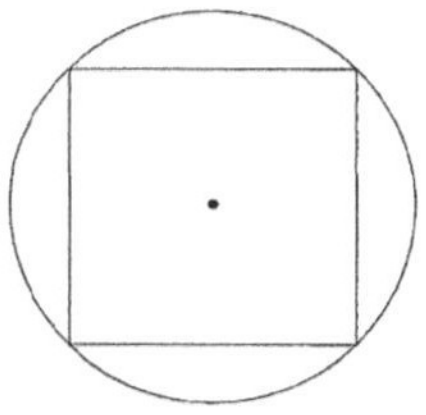

ウ［　　　］

(4)　Aさん，Bさん，Cさん，Dさんの４人の算数のテストの平均点は70点です。Eさんの点数が85点のとき，Eさんをふくめた５人の算数のテストの平均点は［エ］点です。

エ［　　　］

(5)　Aさん，Bさん，Cさん，Dさんの４人は，毎年バドミントン大会を行っています。この大会は総当たり戦で行われており，順位について次の①～③のことがわかっています。

① Aさんは，去年より順位が２つ上がった。
② Bさんは，去年と同じ順位だった。
③ Cさんは，今年２位だった。

このとき，今年３位の人は［オ］さんです。ただし，毎年必ず１位から４位まで順位が決まるものとします。

オ［　　　］

4 右の帯グラフは，ある中学校の１年間のけがの記録を調べて，けがをした場所をまとめたものです。

このとき，次の(1)，(2)の問いに答えなさい。

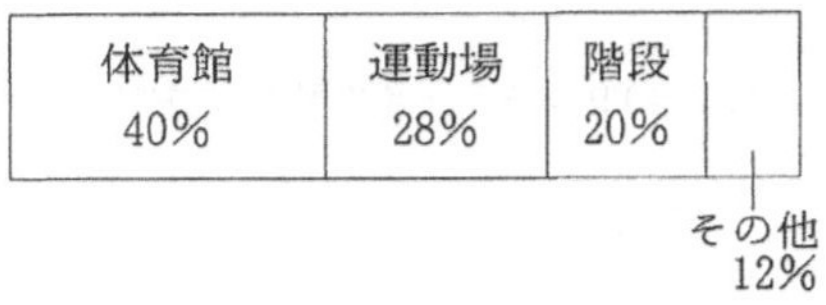

(1)　運動場でのけがの割合は，階段でのけがの割合の何倍か求めなさい。

答［　　　］倍

(2)　帯グラフ全体の横の長さを15cmにしたとき，階段でのけがの割合を示す部分の横の長さを求めなさい。

答［　　　］cm

令和６年度　藤枝明誠中学校　学力試験問題（一次試験）

算　数（発 展）　（40分）

（その１）

登録番号		氏名		得点	

（配点非公表）

（注意）解答は各設問の［　　］内に記入し，（求め方）と書かれているものは必ず明記しなさい。

1　次の(1)，(2)の問いに答えなさい

(1)　30と42の最大公約数と最小公倍数を求めなさい。

（求め方）

答	最大公約数	
	最小公倍数	

(2)　ある整数で，32をわっても，44をわっても，あまりが２になります。このような整数のうち，いちばん小さい数を求めなさい。

（求め方）

答［　　　］

2　右の**図１**のように，半径12cmの円Ｏの円周上に点Ａがあります。点ＰはＡを出発して円周上を秒速9.42cmの速さで反時計回りに，点ＱはＡを出発して円周上を秒速6.28cmの速さで時計回りに動きます。

　このとき，次の(1)，(2)の問いに答えなさい。ただし，円周率は3.14とします。

図１

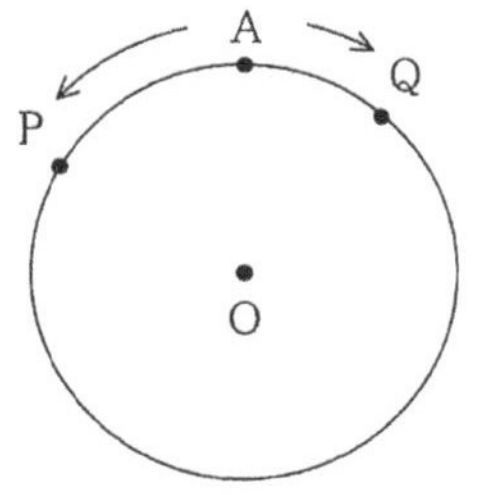

(1)　右の**図２**は，点Ｐ，Ｑを結んだ線が，はじめて円Ｏの直径となるようすを表したものです。

　このとき，次の①，②の問いに答えなさい。

図２

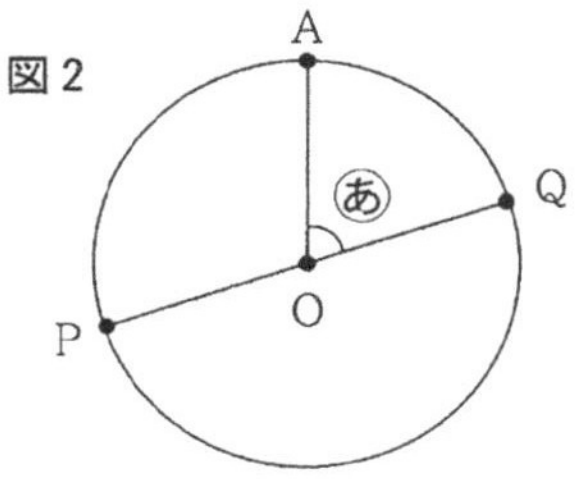

①　**図２**のようすは，２点Ｐ，Ｑが動き始めてから何秒後か求めなさい。

（求め方）

答［　　　秒］

②　**図２**の角ⓐの大きさを求めなさい。

（求め方）

答［　　　度］

(2)　時間が経つにつれて，点Ｐと点Ｑは何度も重なります。ＰとＱが８回重なるまでに，ＰとＱはあわせて点Ａを何回通過したか求めなさい。

（求め方）

答［　　　回］

令和６年度　藤枝明誠中学校　学力試験問題（一次試験）

算　数（発展）

（その２）

登録番号		氏名	

（注意）解答は各設問の［　　］内に記入し，（求め方）と書かれているものは必ず明記しなさい。

3　下の**図１**のように，立方体のすべての辺の真ん中に点をつけました。**図２**は，**図１**の立方体の展開図です。

これについて，次の(1)，(2)の問いに答えなさい。

図１

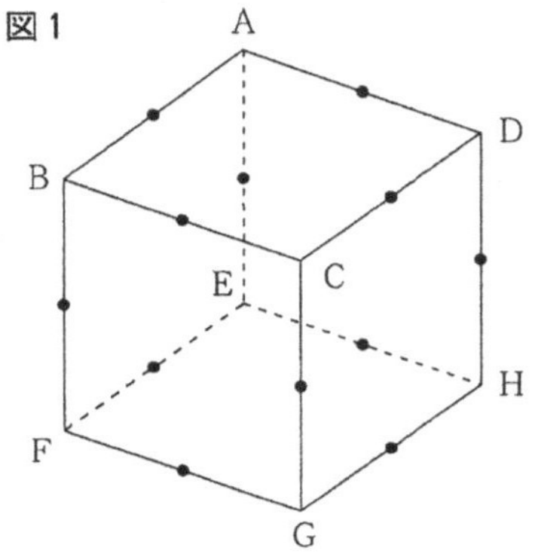

図２

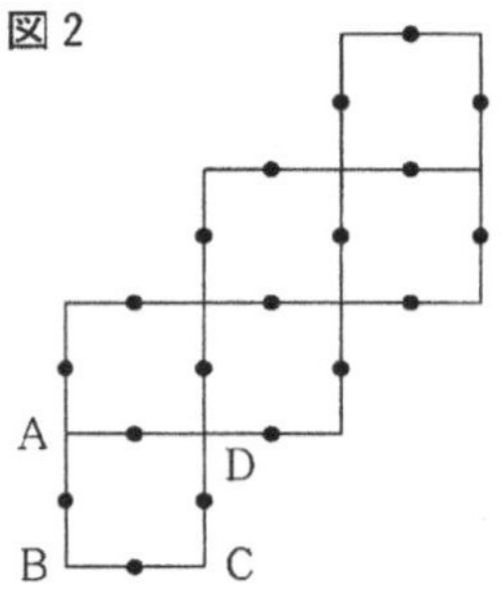

(1)　右の**図３**は立方体の辺ＣＤ，ＣＧ，ＦＧのそれぞれの真ん中の点を通るように点Ａから点Ｈまで線をひいたものです。下の**図２**の展開図に**図３**でひいた線をかき入れなさい。

ただし，作図には定規を使用しなさい。

図３

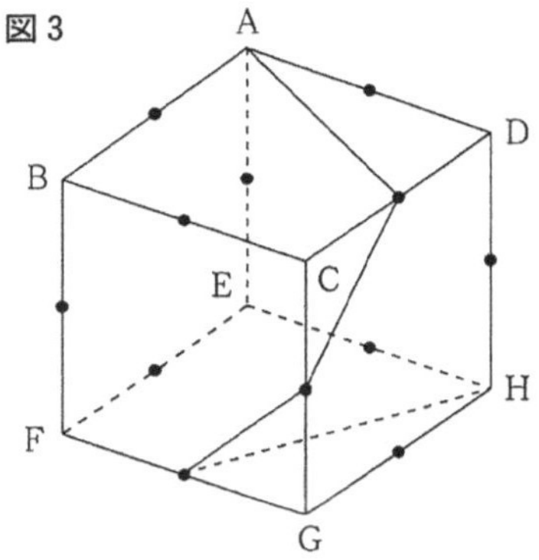

図２

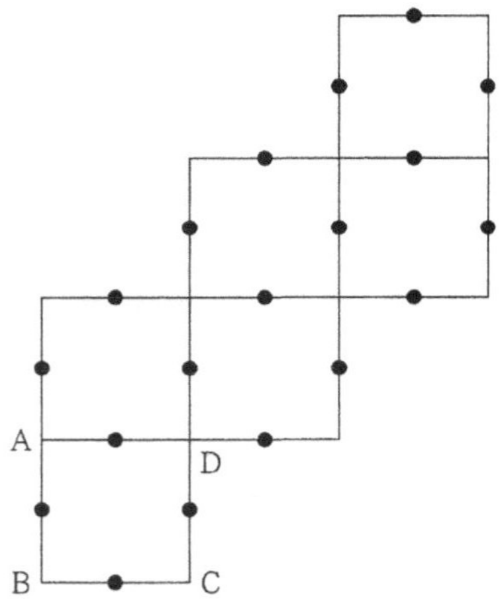

(2)　**図１**の立方体を，点Ｂ，点Ｇ，辺ＤＨの真ん中の点の３点を通る平面で切ったとき，切り口の図形は何になりますか。下の**ア**～**カ**の中から１つ選び，記号で答えなさい。

ア　正三角形	**イ**　二等辺三角形	**ウ**　平行四辺形
エ　台形	**オ**　正方形	**カ**　五角形

答［　　　　］

4　**図１**のような直方体の水そうを，側面と平行な長方形のしきりで(あ)の部分と(い)の部分に分けました。水そうの(あ)の部分に一定の割合で水を入れ始めます。**図２**は，水を入れ始めてからの時間と(あ)の部分の水面の高さの関係を表しています。

このとき，次の(1)～(3)の問いに答えなさい。ただし，水そうやしきりの厚さ，水圧による水そうの変形は考えないものとします。

図１

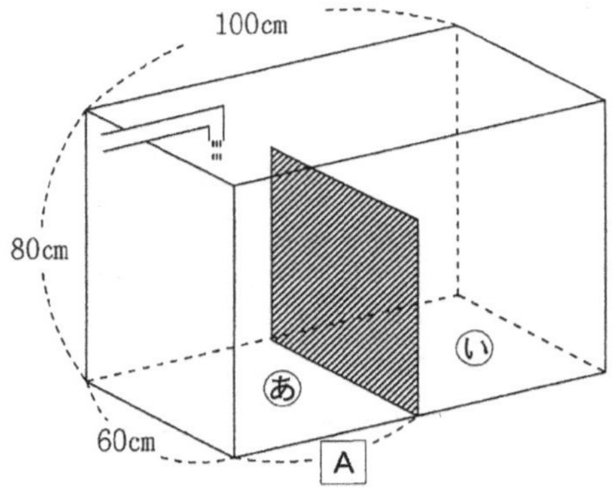

図２

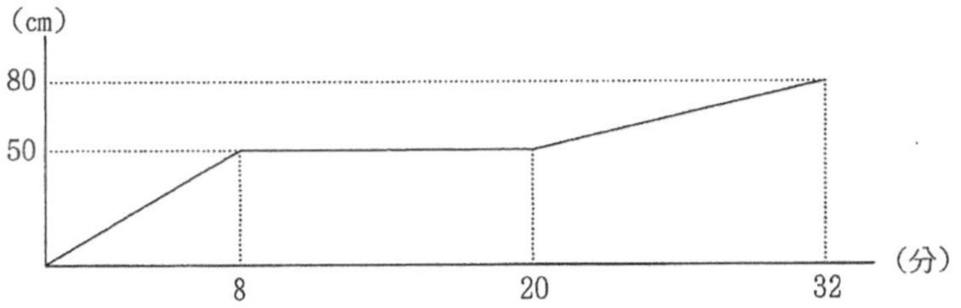

(1)　しきりの高さを答えなさい。

答［　　　　cm］

(2)　水そうに毎分何Ｌの割合で水を入れているか求めなさい。

（求め方）

答［毎分　　　　L］

(3)　[A]の長さを求めなさい。

（求め方）

答［　　　　cm］

算　数（発　展）

（その３）

登録番号		氏名	

（注意）解答は各設問の［　　］内に記入し，（求め方）と書かれているものは必ず明記しなさい。

5　2024年はうるう年です。うるう年は２月が29日まである年をいい，その年はふつうの年より１日多く，１年が366日となります。うるう年は次の**ルール**で決められています。

ル　ー　ル

① 西暦《せいれき》が４の倍数であるが100の倍数でない年は，うるう年とする。
② 西暦が100の倍数であるが400の倍数でない年は，うるう年としない。
③ 西暦が400の倍数である年は，うるう年とする。

また，2024年２月29日は木曜日です。

2024年のカレンダー

１　月

日	月	火	水	木	金	土
	1	2	3	4	5	6
7	8	9	10	11	12	13
14	15	16	17	18	19	20
21	22	23	24	25	26	27
28	29	30	31			

２　月

日	月	火	水	木	金	土
				1	2	3
4	5	6	7	8	9	10
11	12	13	14	15	16	17
18	19	20	21	22	23	24
25	26	27	28	29		

３　月

日	月	火	水	木	金	土
					1	2
3	4	5	6	7	8	9
10	11	12	13	14	15	16
17	18	19	20	21	22	23
24	25	26	27	28	29	30
31						

このとき，次の(1)，(2)の問いに答えなさい。

(1)　2024年の次のうるう年の２月29日は何曜日か求めなさい。

（求め方）

答　［　　　　　曜日］

(2)　2024年よりあとのうるう年で，２月29日がはじめて木曜日になる年は，西暦何年か求めなさい。

（求め方）

答　［　　　　　年］

令和6年度　藤枝明誠中学校　英語　入試問題　(45分)

1　次のかっこ内の語を、適切な形に直しなさい。ただし、答えが一語とは限りません。

① I will go swimming if it (be) sunny tomorrow.
② Mt. Fuji is the (high) mountain in Japan.
③ Ken (watch) the tennis match on TV now.
④ She (take) a walk at the park every Sunday.
⑤ Mike and I don't do (we) homework.
⑥ Yuki (teach) me how to make cookies yesterday.
⑦ I know that girl (dance) on the stage.
⑧ We (know) each other for ten years.
⑨ John stop (talk) to listen to the music.
⑩ I have three (box) on my desk.

2　次の文のかっこ内に、日本語の意味になるように、適切な語を一語入れなさい。

① Are you a (　　　) teacher?　あなたは国語の先生ですか。
② The school starts in (　　　) in Japan.　日本では4月から学校が始まります。
③ There is the cat (　　　) the desk and the chair.　机といすの間にネコがいます。
④ My cousin is (　　　) years old.　私のいとこは20歳です。
⑤ English is the language (　　　) all over the world.　英語は世界中で話されている言語です。
⑥ John is (　　　) to climb mountains.　ジョンは山に登ることができます。
⑦ This singer is popular (　　　) young people.　この歌手は若者の間で人気です。
⑧ I finished (　　　) my lunch.　私は昼食を食べ終えました。
⑨ Yuri is (　　　) at playing the piano.　ユリはピアノを弾くのが得意です。
⑩ You need to fill out this application form in (　　　).　あらかじめこの申込書に書き込む必要がある。

3　次の会話文のかっこ内に入るものとして適切なものを選び、番号で答えなさい。

①
A: I didn't do my homework for today's English class.
B: (　　　　　　　) I should do it right now.

1. I hope so.　2. So did I.
3. Me neither.　4. I never do it.

②
A: Ken forgot to bring his dictionary again.
B: (　　　　　　　) He is always forgetting a lot of things.

1. He can find it soon.　2. He didn't do such a thing.
3. He didn't know it was important.　4. He should be more careful.

③
A: I should go to the teachers' room before our class starts.
B: All right. (　　　　　　　)
A: I'd like to ask Mr. Tanaka about today's homework.

1. When do you go to the room?　2. Who do you want to talk to?
3. I'll go to the classroom first.　4. Why do you think so?

④
A: I have to go to Yaizu City Hall right now. (　　　　　　　)
B: Sure. I will wait for you at Yaizu Station then.

1. I can go there by bike.　2. Do you know how to get there?
3. Should I take a bus to go there?　4. Could you pick me up at 10:30 am?

⑤
A: Good afternoon. How can I help you?
B: I really like this green dress. (　　　　　　　)
A: Of course. The fitting room is over there.

1. Do you have another one?　2. Can I try this on?
3. I'm just looking.　4. I don't like this color.

⑥
A: We should study hard for the exam next week.
B: You're right. (　　　　　　　)
A: Don't worry. Ms. Kawamura will tell us tomorrow how the test will go.

1. What subject do you like the most?　2. How many hours did you study last night?
3. Didn't you study math last night?　4. I'm especially worried about our English speaking test.

⑦　A: I think I caught a cold.
B: Are you all right? (　　　　　　　　　　)
A: Thank you. I will go home early and sleep well like you say.

1. You should take a rest.　　　2. You should eat something healthy.
3. I can talk to the teachers.　　　4. Did you take your medicine?

4　次の日本語の意味になるように、かっこ内の語句を並べ替えて英文を作り、3番目と6番目に来る番号を書きなさい。

①　私たちは今年の夏、東京に行くかもしれない。
(1. summer　2. Tokyo　3. go　4. might 5. to　6. we　7. this).

②　どんな音楽を聴きますか。
(1. music　2. listen to　3. kind　4. you　5. of　6. do　7. what)?

③　ケンジはこのクラスで一番速く走ることができます。
(1. the　2. in　3. class　4. runs　5. this　6. Kenji　7. fastest).

5　次の文章はエリとユカが東京から広島への旅行の計画を立てているところです。文章を読んであとの問いに答えなさい。

Eri: Let's make a plan for the trip to Hiroshima. How will we go there?
Yuka: I think catching the overnight buses is the most reasonable way to go there. What do you think?
Eri: Really? Oh, it costs about half the price of an airplane ticket. But look at this chart!
It takes 10 hours by the overnight bus to get to Hiroshima station. Also, we may hurt our back sitting for very long hours.
Yuka: Oh, then let's think of another option. If we go by airplane, it will take only one and a half hours to get to Hiroshima airport and we can get there faster.
Eri: Alright. If we go by airplane, we should go to the airport two hours before the time of our *departure.
I don't think I can get ready earlier than usual.
Yuka: Then let's go by the *bullet train instead! It would take four hours to get to Hiroshima station if we use the Nozomi train.
Eri: That sounds good. Let's take the bullet train then.

* directly　直接　　*departure　出発　*bullet train　新幹線

Transportation	ア	イ	ウ
Price	12,000 yen	18,000 yen	6,000yen
Hours	one and a half hours	four hours	10 hours
Convenience	①	You should use Nozomi	②

問 1. 上記の表はそれぞれの交通機関の特徴についてまとめたものです。
ア、イ、ウにあてはまる交通機関の名前を本文中から英語で書き抜きなさい。

問 2. アとウの交通機関について、乗車時間以外の理由で彼らにとって利便性がよくないと判断した理由を日本語で書きなさい。

6　次の文章は Sakura と Ryohei が、ことわざ(proverb)について留学生 Mike に話をしているところです。
会話を読んで、あとの問いに答えなさい。

Sakura: There's a lot of proverbs in Japan. We can learn lessons from them.
Ryohei: You're right. Do you have some proverbs to share, Mike?
Mike: Yes. Let me introduce the one that says, (1)"Where there's a will, there's a way."
Sakura: Oh, cool! What does that mean?
Mike: It means that if you do everything to *achieve your dream, it will surely come true.
Sakura: That's a good lesson for us. (2) Why do you like it?
Mike: I belong to the soccer team of my school and I always think about that proverb so I can continue to be a good player.
I keep this proverb in mind *whenever I'm facing difficult situations.
Ryohei: I love that for you. We also have good proverbs, for example, (3)*zen wa isoge* in Japanese.
Mike: *Zen wa isoge*. What does it mean?
Ryohei: It means that you should not hesitate to do something good. This is how I live my life.
Sakura: Oh, I know it too. I also remember this proverb when I can't decide what to do for people in trouble.
Mike: In English, we say, "Strike while the iron is hot." It has a similar meaning to that proverb you said. We may have a lot of proverbs that mean the same.
Sakura: Really? I'd like to know more about them. Let's go to the school library and read about them!

* achieve　達成する　　*surely　きっと　*whenever　～するときにはいつでも

問 1.下線部(1)のことわざはどのような意味か、本文中の表現を使って説明しなさい。

問 2.下線部(2)の理由をまとめた次の文の(　①　)、(　②　)に入る日本語を書きなさい。
「自分が所属するサッカー部で、この(　①　)を思い出しているから
(　②　) でいつづけることができる。」

問 3.下線部(3)の日本語に似ている英語のことわざを本文中から書き抜きなさい。

問 4. 本文中の内容としてふさわしいものを次のア～エから１つ選び、記号で答えなさい。

ア. Sakura isn't interested in the differences of meaning of proverbs from country to country.
イ. Ryohei doesn't know any proverbs in Japanese.
ウ. Mike thinks that there are many similarities in the English and Japanese proverbs.
エ. Proverbs have a strong impact on our lives.

7 下記の文章はオリンピック(Olympics)で活躍している選手について書かれたものです。文章を読んで、あとの問いに答えなさい。

We have a lot of athletes in Japan. Many of them even win in the Olympics. I'm always impressed by their attitude when playing matches. They made great efforts to play matches in all kinds of sports. Our Japanese athletes have overcome a lot of hurdles to be good at all kinds of sports. As a result, they sometimes win the gold, silver or bronze medals. We celebrate them more when they are awarded. Let's take a look at some of these athletes.

Suguru Osako is a marathoner who won the sixth prize at the 2020 Tokyo Olympics. He also set a new *national record at the 2018 Chicago Marathon. His attitude towards the competition and his way of running moved the Japanese heart.

We also have Hifumi and Uta Abe, *judoist siblings who won the gold medal at the 2020 Tokyo Olympics. They are the first siblings in history who won medals for judo in the same competition. Hifumi, the elder brother has a famous rival named Joshiro Maruyama. Both of them were major competitors for the Olympics in Japan. Hifumi competed against him for the national team finals in December 13th 2020. After the long-time match, Hifumi finally won and qualified to compete at the Tokyo Olympics.

Another impressive athlete is Kohei Uchimura, the *gymnast who won the gold medal at the 2012 London Olympics and 2016 Rio de Janeiro Olympics. He is good at *floor exercises, *parallel bars and the *horizontal bar. He won the first prize in the gymnastics championships so many times. However, (1) he had a really hard time after the 2016 Olympics. His ankles got injured in 2017 and also hurt his shoulders in 2019. He did his best to recover from this. He got frustrated with his shoulder injury. Still, he tried to do some trainings. He finally can qualify to compete at the 2020 Tokyo Olympics. He did the horizontal bar performance then, (2)(私たち日本人は興奮しました.) He got eliminated in the *primary round but his achievement in the gymnastics world will not be forgotten.

The influence of all these Olympians is so strong that it inspired not only the people in Japan but also the world. They have overcome problems they faced and have done their best at each competition. They took care of their physical and mental health through training. Can you imagine how strong their *longing to go to Olympics is? They didn't give up no matter what.

* Rio de Janeiro リオデジャネイロ(ブラジルの都市) *national record 日本記録 *qualify 資格を与える*judoist 柔道家
*sibling きょうだい*gymnast (器械)体操選手 *floor exercises (体操競技の) ゆか *parallel bars 平行棒
*horizontal bar (体操競技の)鉄棒 *primary round 予選 *longing あこがれる

問 1. 上記の英文を読んで、①～③の選手が大会に出場した都市名をア～エから選び、記号で答えなさい。
ただし、出場した都市が２つ以上ある選手もいる。

①Kohei Uchimura	ア. Tokyo
②Suguru Osako	イ. Rio de Janeiro
③Hihumi Abe	ウ. London
	エ. Chicago

問 2. 下線部(1)について、内村航平選手が困難な状況にあった中で、どのようにしてオリンピックの出場権を得ようとしたか、
本文中の言葉を用いて日本語で答えなさい。

問 3. 下線部(2)の文章を英語に直しなさい。

問 4. 上記の英文のタイトルとして適切なものを下記のア～エから一つ選び、記号で答えなさい。

ア. Do Your Best and Never Give Up
イ. How to be an Olympian?
ウ. The Olympic Winners in Japan
エ. Set Your Own Goal and Keep Trying for the Future

問 5.英文の内容に合うものを下記の選択肢ア～エの中から二つ選び、記号で答えなさい。

ア. Kohei Uchimura didn't win anything at the Tokyo Olympics.
イ. Hifumi Abe and Joshiro Maruyama didn't want to compete at the Olympics at all.
ウ. Suguru Osako broke the Japanese record at Rio de Janeiro Olympics 2016.
エ. Olympians usually try their best on their trainings before they compete at the Olympics.

令和六年度　藤枝明誠中学校　学力試験問題（一次試験）

国語

登録番号
氏　名
得　点

（配点非公表）

1

①
②
③
④
⑤
⑥
⑦
⑧
⑨
⑩

2

① 主語　述語
② 主語　述語
③ 主語　述語
④ 主語　述語
⑤ 主語　述語

3

①
②
③
④
⑤

4

①
②
③
④
⑤

5

①
②
③
④
⑤

6

①
②
③
④
⑤

7

①
②
③
④
⑤

8

①
②
③

※ 9 10 の解答用紙は、裏面《うら》にあります。

9

問一

問二

10

問一

1

2

問二

Ⅰ

Ⅱ

Ⅲ

問三

問四

問五

一つ目

二つ目

問六

問七

令和6年度　藤枝明誠中学校　英語　入試問題　解答用紙

登録番号	氏名	得点

（配点非公表）

1

①	②	③	④	⑤
⑥	⑦	⑧	⑨	⑩

2

①	②	③	④	⑤
⑥	⑦	⑧	⑨	⑩

3

①	②	③	④	⑤
⑥	⑦			

4

①3番目	6番目	②3番目	6番目
③3番目	6番目		

5

問１．ア	イ	ウ
問２．①　ア		
②　ウ		

6

問１	
問２①	②
問３	
問４	

7

問１①	②	③
問２		
問３		
問４		
問５		